부모는 어떻게 학부모가 되는가

부모는 어떻게 학부모가 되는가

초판 1쇄 인쇄 2025년 10월 1일 초판 1쇄 발행 2025년 10월 10일
글쓴이 김세인 외 펴낸이 현병호 편집 장희숙 펴낸곳 도서출판 민들레
출판등록 1998년 8월 28일 제10-1632호 주소 서울시 성북구 동소문로 47-15
전화 02) 322-1603 이메일 mindlebook@gmail.com 홈페이지 www.mindle.org
ISBN 979-11-91621-22-8 (03370)

교육시민으로서의 학부모가 되는 길을 찾아서 ──

편집실 엮음

부모는 어떻게
학부모가 되는가

내 아이만 바라보는 시선을 넘어 사회적 부모로서
아이와 함께 시민으로 성장하는 학부모의 길을 찾다.

민들레

엮은이의 말

부모와 학부모는 어떻게 다를까요

 어린아이들이 사회생활을 시작하는 시기가 점점 빨라지고 있습니다. 영유아가 처음 보육·교육기관을 이용하는 나이는 평균 19.8개월(「2024 보육 실태 조사」, 교육부)로, 2009년(30개월)보다 무려 열 달이나 당겨졌습니다. 교육학에서는 아이가 교육기관에 다니는 것을 탈가족화, 학교사회화라 부릅니다. 가정을 벗어나 또 다른 공동체의 구성원이 된다는 것은 단순히 공간을 옮기는 사건이 아니라 정체성과 역할이 재구성되는 사회적 전환점이기도 합니다. 가족의 보호 속에서 개인으로 존재하던 아이가, 제도를 매개 삼아 공적 존재로 인정받는 과정이기도 하지요.
 아이가 사회생활을 시작하면서 '학부모'란 이름을 얻게 된 부모들에게도 학교사회화가 필요한 듯합니다. 새로운 공간에서 사회화되는 아이를 돕기 위해 '학부모'란 이름으로 어떤 역할을 해야 할지 깊이 고민해본 적이 없는 것 같습니다. 학부모가 '내 아이의 부모'를 넘어 '학교와 교육을 함께 책임지는 공동체의 일원'이라면, 자녀의 부모인 동시에 다른 아이들의 부모라고 해석할 수도 있지요. 더 크게 보면 이 사회의 다음 세대를 키우는 일에 동참하는 존재라고도 할 수 있습니다. 이 시각을 놓친 채 학부모 역할을 사적 이해관계의 대변인으로만 한정할 때 교육은 필연적으로 왜곡될 수밖에 없을 것입니다.

'내 아이'만 바라보는 시각은 결국 내 아이조차 고립시킵니다. 주변에 위험요소가 있다면 내 아이도 안전하지 못할뿐더러, 그 위험을 모두 제거한다고 완벽한 안전이 보장되지도 않습니다. 결국 모든 아이가 건강하게 성장할 수 있는 환경이 갖추어져야 그 속에서 자라는 내 아이 역시 안전하고 건강한 배움을 누릴 수 있습니다. 교권이 무너지고 가르치는 일이 힘들어진 요즘이야말로 학부모라는 이름에 담긴 공적 의미를 되새겨야 할 때가 아닌가 싶습니다.

부모 노릇도 제대로 해내기 어려운 시절에 학부모의 역할까지 고민해야 하다니 너무 어려운 과제가 아닌가 싶기도 하지만 '학부모는 어떻게 교육주체가 될 수 있는가'라는 물음은 결국 '이 사회에서 한 생명을 길러내고 있는 나는 어떤 존재인가' 하는 실존적 질문으로 이어집니다. 나를 새로운 세상과 연결하는, 자식이라는 타인을 통해 나를 넘어서는 경험을 하게 되니까요. 사회적 부모 되기. 이 어렵고도 중한 숙제가 어쩌면 '나'로부터 해방되는 기회일지도 모릅니다.

　부모를 위한 교육지를 지향하는 《민들레》에서 꾸준히 발신해온 '학부모와 교육'에 관한 이야기를 한데 묶어냅니다. 단단한 가족주의와 불안을 부추기는 양극화가 빚어낸 '내 새끼 지상주의'를 넘어 학부모의 개념과 존재 의미, 역할을 함께 고민해보는 시간이 되었으면 합니다. 이 책을 펼친 분들이 '민주시민으로서의 학부모'로 성장하는 데 작은 도움이 되면 좋겠습니다.

2025년 9월
장희숙

차례

엮은이의 말 **5** 부모와 학부모는 어떻게 다를까요

1

교사와 학부모 사이

- **13** 학부모와 교사, 파트너가 될 수 있을까 | 김세인
- **24** 오늘도 외줄 위에서 | 송주현
- **33** 교사와 학부모, 다르게 만나기 | 양영희
- **44** 80년대생 학부모는 무엇이 다른가 | 김의진
- **54** 신규 교사, 학부모와 소통하기 | 이승희
- **62** 교사가 편향된 교육을 할 때 | 이효정
- **71** 교육 3주체 다시 보기 | 장희숙

2

**아이들의
성장을 돕는
학부모 되기**

- 83 학부모, 모든 아이들의 부모 | 조순진
- 91 학부모님께 드리는 담임의 편지 | 차승민
- 98 부모들은 어떻게 학교를 바꾸었는가 | 박이선
- 109 학부모들이 함께 책을 읽으면 생기는 일 | 윤현희
- 118 좋은 부모보다 좋은 사회가 먼저다 | 장희숙
- 128 교육은 서비스가 아니다 | 현병호
- 137 교육 '시민'으로서의 학부모 되기 | 오영

1부
교사와 학부모 사이

학부모와 교사,
파트너가 될 수 있을까

"저도 엄마를 불러오겠습니다"

 가끔 우스갯소리처럼 들리는 말이 현실일 때가 있다. 대학생 엄마가 성적 문제로 교수에게 항의를 한다거나 신입 직원의 아빠가 상사를 찾아간다는 이야기가 그렇다. 『공부란 무엇인가』의 저자 김영민 교수는 언젠가 맞닥뜨릴지 모르는 상황에 자신만의 대비책을 마련한다. "성적이 안 좋다고 여러분들 엄마가 연구실에 찾아와서 저를 괴롭히면, 저도 어찌할 방법이 없습니

김세인 _ 고등학교 교사로 일하다 육아에 전념하고 있는 두 아이의 엄마. 교사로 일했던 날들을 자주 추억한다.

다. 저도 엄마를 불러올 수밖에."

그의 위트에 한참을 웃다가 문득 생각에 잠겼다. '설마'라고 손사래를 치지만 과연 나는 그런 엄마가 되지 않을 자신이 있는가. 자식의 이익을 위해서라면 분별력은 잠시 내려놓고 행동해도 된다는 생각이 내게도 잠재되어 있는 건 아닌가. 내 자식만 잘 키우면 된다는 안일한 생각이 얼마나 위험한 것인지 나는 알고 있는가.

얼마 전, 5학년 큰아이의 학부모 공개수업에 갔을 때다. 수업이 끝난 후 부모들이 모인 자리에 담임 선생님이 아닌 교감 선생님이 들어오셨다.

"요즘 우리 학년 선생님들이 잘 웃질 않으십니다."

교감 선생님은 안경을 고쳐 쓰며 근엄한 표정으로 말씀하셨다. 업무 과다로 선생님들이 피로하신가, 아니면 아이들이 말을 안 듣나 이런저런 생각이 스쳤다. 자신의 자녀가 원하는 선택 과목을 듣지 못했다는 학부모의 민원부터 크고 작은 학교폭력 문제까지 많은 사건들이 있었다고 했다. 교감 선생님은 문제를 해결하는 과정에서 학부모의 과한 개입과 이기적인 태도가 교사들을 지치게 만든다고 했다. 불필요한 감정 소모는 교사들이 교실에서 해야 할 교육을 방해한다고 말이다.

"어머님들은 선생님이 우리 아이를 만나러 교실에 들어갈 때 어떤 표정과 마음이길 바라십니까?"

교감 선생님은 부모들에게 이런 질문을 남기고 홀연히 떠나셨다.

한국교원단체총연합회 설문조사(2023)에 따르면 66.1%의 교사가 가장 스트레스를 느끼는 요인으로 '학부모'를 꼽았다. 민원 스트레스 정도는 97.9%가 '심각한 수준'으로 나왔다. 수업 그리고 아이들과의 소통에 힘써야 할 교사들은 자신을 감정노동자라고 생각하고 있었다. 악성 민원은 소수의 학부모들이 벌이는 일이지만 그 파장은 모든 학생과 교사의 일상을 흔들고, 진짜 중요한 교육적 동력을 잃게 만든다. 소소한 요구사항이나 불평을 너도나도 늘어놓게 되면 가장 피해를 입는 것은 바로 우리 아이들일 것이다.

학부모들이 잠시 잊은 건 아닐까. 학교는 아이가 자기 등보다 큰 가방을 메고 가도 부모가 그 가방을 대신 들어줄 수 없는 곳이라는 사실을. 이곳은 구청 민원처리실이 아니라는 것을. 전인적인 아이들의 성장을 위해 모두가 애쓰는 곳이라는 것을. 마냥 내 아이가 손 들고 발표하는 재롱을 보고픈 마음으로 공개수업에 참석했던 나는 그 자리에 한참을 멍하니 있었다. 무엇이 우리를 이렇게 만들었는지 되짚어보며, 아이들 앞에서 웃지 않는 선생님을 상상하며.

지금 학교는 어떤 모습일까

나는 아이들의 담임 선생님 휴대폰 번호를 모른다. 선생님을 만날 수 있는 기회는 공개수업과 학기 초 15분간의 개인 면담, 두 번이다. 연락이 필요한 상황에는 '하이클래스'라는 앱으로 선생님께 메시지를 남기거나 통화할 수 있다. 월요일부터 금요일, 오전 8시부터 오후 5시까지. 나의 어린 시절처럼 휘황찬란하게 날리던 학부모의 치맛바람은 이제 통하지 않는다. 누구 엄마가 반 아이들에게 간식을 돌리거나 화분을 사오거나 선생님께 봉투를 건네는 일도 상상하기 어렵다. 스승의 날에 꽃 한 송이 사가는 것도 어색한 일이 되었다.

시간을 거슬러 올라가면 학교에서 교사는 지금보다 권위적인 위치에 있었다. 학생들을 향한 불합리한 강압과 통제가 있었던 것도 사실이다. 30년 동안 교사생활을 하셨던 아빠는 서울대 원서를 쓰도록 강요하는 학교와 자신이 원하는 대학에 지원하길 고집하는 제자 사이에서 갈등했던 상황을 고백하기도 했다. 그럼에도 어린 시절, 우리 집에는 이십대 청년들이 자주 들락거렸다. 대학생들은 박카스 한 박스를, 취직한 이들은 홍삼을, 결혼을 앞둔 이들은 청첩장을 들고 우리 집 벨을 눌렀다. 아빠의 제자들이었다.

청년들은 밤늦도록 아빠와 함께 학창 시절 이야기를 나누며

킥킥거리고 폭소를 터뜨렸다. 낯익은 오빠들이 놀러 오는 날이면 나와 동생은 오빠들 손을 잡고 슈퍼마켓에 가서 마음껏 과자를 고를 수 있었고, 아빠는 엄마 눈치를 보며 밥상을 폈다. 아빠는 제자들이 오면 부모님의 안부부터 물었다. 학생들의 가정환경을 세세히 파악하고, 아이들의 문제행동부터 성적과 진로까지 깊은 대화를 나눴던 학부모님들과 아빠는 오랜 세월 서로를 기억했다.

10년 전, 나는 한 사립 고등학교의 교사였다. 아빠처럼 몇 년 전 졸업한 제자의 뒤통수만 보고도 그의 국어 성적과 짝꿍을 기억해내지는 못했지만, 아이들의 얼굴에 걱정이 스치면 교정을 한 바퀴 같이 돌면서 이야기를 나누곤 했다. 쌍둥이 동생의 가출로 걱정하던 아이, 좌절감 때문에 자꾸 게임을 하게 된다는 아이, 성적 때문에 부모님과 갈등을 겪던 아이…. 아이들은 내 앞에서 부모님에게 보이지 못하는 속내를 꺼내기도 했다.

그 시절 학부모님들은 모든 것이 어설펐을 신입 교사를 지지하고 믿어주셨다. 나에게 연락할 일이 있으면 정중히 통화 가능한 시간을 물었다. 문제행동을 보이는 아이의 부모님은 아이를 이해하는 데 도움이 될 만한 가정환경을 이야기해주었고, 야간 자율학습을 '땡땡이'친 학생의 부모님은 아이를 호되게 혼내주십사 부탁했다.

사람은 말투와 눈빛, 목소리로도 상대를 향한 태도를 느낄 수 있기에 나는 존중받는 한 교사로 그들에게 마음을 열 수 있었다. 아이들이 하지 않는 이야기를 부모님에게서 들었고, 부모님이 알지 못하는 이야기를 아이들로부터 들었다. 그렇게 나는 한 아이, 한 아이의 퍼즐을 맞추어나갔다. 부모님들과 나는 적당한 거리를 유지하며 서로를 조심스럽게 대하면서도 온전히 아이들을 중심에 두고 소통하는 일만은 적극적으로 했다. 신뢰를 바탕으로 한 학부모님과의 소통은 아이들을 섬세하게 바라보고 이해하는 데 큰 도움이 되었다. 아이들 교육에 집중할 수 있었던 그 시절, 나는 40여 명의 반 아이들과 마음껏 웃고 울 수 있었다.

급변하는 교육환경 속에서 명예퇴직을 신청하는 아빠의 동료들이 많아지고, 교단에 설수록 짙어지는 아빠의 회의감을 눈치채는 건 나에게도 서운한 일이었다. 그럼에도 아빠도 나도 교실에서 행복했다. 고군분투하는 한 아이의 성장을 가까이에서 지켜보고 응원하는 건 값진 일이었으므로. 교무실을 함께 쓰는 동료 교사가 밉더라도 교실에 들어가면 아이들과 웃을 수 있었고. 아이들과 학부모, 교사는 서로를 판단하고 비난하는 대상이기보다 같은 곳을 바라보는 공동체 구성원이었다.

학교는 빠르게 변했고, 학생과 학부모의 목소리가 커졌고, 그들이 교사에게 꺼내는 말들은 달라졌다. 무너진 교사의 권위, 축소된 사회로서의 역할을 잃어가는 학교는 교육에 대한 무력감에 빠졌다. 10년 전쯤 타지로 이사를 하면서 육아를 위해 교사를 그만둔 후, 가끔 옛날 동료들을 만나면 그들은 내가 부럽다고 했다. 복직하면 스트레스로 몸 상하고 월급보다 병원비가 더 들 수도 있으니 집에 가만히 있으라고, 그렇게들 말했다.

얼마 전, 한 예능 프로그램에 강남 지역 고등학교의 전 교장 선생님이 출연한 것을 보았다. 그는 오랜만에 돌아간 학교 풍경을 이렇게 묘사했다. 학생들이 마음 놓고 엎드려 자는 곳, 수업 시간에 학원 숙제를 하는 곳, 내 새끼에게 조그마한 불이익이라도 있으면 학부모들이 거칠게 항의하는 곳이더라고. 그는 꼴찌도 행복하게 학교에 다닐 수 있도록 세심하게 그들의 자존감과 마음을 챙기는 프로젝트를 진행했다. 마음을 담아 학부모들에게 편지도 보냈다.

"여기는 사람을 교육하는 학교이지 성적으로 먹고사는 학원이 아닙니다. 명문대 몇 명 갔는지 궁금해 마시고 내 아이가 무얼 할 때 행복한지 살펴봐 주십시오."

그의 편지는 학교라는 장소가 아이들에게 어떤 곳이어야 하는지, 교육의 본질이 무엇인지 다시 생각하게 했다.

교사와 학부모 사이

얼마 전, 초등 저학년인 둘째 아이의 담임 선생님과 전화로 상담을 했다. 시간은 15분으로 제한되어 있었다. 서로 짧게 인사를 나눈 후 선생님은 아이의 학교생활에 대해 궁금한 점이나 자신이 알아야 할 점을 이야기해 달라고 하셨다. 선생님의 구체적인 요청에 나는 갑자기 말문이 막혔다. 한 시간씩 얘기할 것만 같은 아줌마처럼 굴고 싶진 않았지만 다른 얘기는 하면 안 될 것 같아 긴장이 되었다. 아이의 교우관계와 학습 태도가 어떤지 물었고, 집에서 숙제를 성실히 안 한다고 살짝 아이 험담을 했다. 10분이 지나자 마음이 약간 급해졌다. 통화가 끝나기 전에, 얼굴도 보지 못한 선생님의 말을 끊다시피 하면서도 꼭 전하고 싶은 얘기가 있었다.

"선생님, 어려운 시기에 고생이 많으시죠. 그래도 저는 아이들이 커가는 중요한 시기에 큰 영향력을 미치는 분이 선생님이라 생각합니다. 힘내시면 좋겠어요."

"네, 어머니. 말씀 감사합니다."

의례적인 인사일까 했는데 선생님은 이런 말을 덧붙이셨다.

"가끔 아이들이 제게 이빨 빠진 걸 가져올 때가 있는데요. 저는 아이들의 이 빠지는 시기를 함께할 수 있어 참 좋습니다."

AI처럼 대화를 나누던 우리는 마지막 몇 분 동안 인간으로 돌아온 것만 같았다.

내가 생각하는 인간적인 만남이란 서로를 '귀하게' 여기는 마음을 지니는 것이다. 내 아이와 남의 아이, 아이의 선생님을 함부로 대하지 않고 두루 살필 때 부모와 교사는 참된 파트너가 될 수 있지 않을까. 자신을 도와주는 든든한 파트너가 있다고 생각하는 선생님들은 신바람 나게 아이들의 성장을 도울 수 있을 것이다. 아이들의 이가 흔들리는 그 시간을 함께하는 우리. 나는 선생님의 그 마음을 지켜주고 싶다. 교실이라는 '아이와 선생님의 세계'에 함부로 침범하지 않고, 선생님을 한 사람으로 존중하며.

 나도 부모인지라, 아이가 전하는 학교 이야기에 귀를 기울일 때 최대한 객관적이 되려고 노력하다가도 뭔가 아이가 불이익을 받은 듯한 느낌이 들 때면 발끈하기도 한다. 학기 초, 학교에서 돌아온 아이는 담임 선생님이 너무 엄격하고 단호하시다며 불평을 늘어놓았다. 중간놀이 후 교실에 1분이라도 늦게 들어오면 호되게 혼나고, 자신은 규칙을 잘 지켰는데 다른 친구 때문에 반 전체가 하교를 늦게 했다며 얼굴이 붉어지기도 했다.

 친구들이 자신을 놀린다거나, 친구들의 놀이에서 소외되었다고 말하는 날도 허다했다. 하지만 이야기를 더 나누어보면 서로 좋아하는 놀이가 달랐던 건데 아이 혼자서 소외되었다고 느꼈다거나, 친구만 놀린 게 아니라 자기도 놀리면서 같이 장난친 경우가 대부분이었다.

 아이에게 잠시 선생님으로 변신해보자는 제안을 했다. 몇 분 지나고 나니 아이는 자기들이 말을 안 들어 선생님도 힘드시겠다는 말을 했다. 씩씩거리던 아이의 마음이 가라앉을 즈음을 틈

타 나는 말했다. 나 혼자만이 아니라 여러 친구들이 함께 지내는 교실에서 시간과 규칙을 지키는 일이 얼마나 중요한지, 구구단을 외우는 일보다 친구와 선생님을 존중하는 일이 학교에서 배울 수 있는 가장 가치 있는 일 중의 하나라는 것을.

아이의 말만 듣고 선생님께 바로 전화하지 않는 것. 잠시 멈추어 아이와 함께 상황을 판단하고 분별해보는 것. 아이가 잘못한 것은 없는지 먼저 살피게 하는 것. 아이의 성장을 돕기 위해 부모로서 그것부터 노력해보려 한다. 선생님도 인간이니 실수할 수 있을 것이다. 그럼에도 내 아이를 비롯한 모든 아이들을 위해 애써주시는 분이라는 사실을 잊지 않으려 한다. 아이를 학교에 보낸 이상, 내가 할 수 있는 일은 선생님을 믿고 아이의 성장을 위해 함께하겠다는 마음을 전하는 것이다.

어느 날 학교에서 돌아온 아이가 말했다.

"엄마, 오늘 선생님이 많이 웃으셨어."

말을 전하는 아이도 마음이 편안해 보였다. "선생님들이 잘 웃지를 않습니다"라던 교감 선생님 말씀이 내내 마음에 남아 있었는데 다행이었다. 선생님들이 마음 편히 교실에서 아이들과 웃을 수 있으면 좋겠다.

『어린이는 멀리 간다』(창비, 2025)에서 저자 김지은은 이런 말을 한다. "내 아이만 뚫어지게 보는 사람들은 눈을 떴더라도 눈을 질끈 감고 사는 것과 다름 없다"고. 모든 학부모가 내 아이만을 뚫어지게 보는 돋보기를 내려놓고, 협력과 존중의 태도로 선생님을 마주한다면 선생님의 엄마가 학교에 오는 일은 막을 수 있을지 모른다.

(vol. 157, 2025. 가을)

오늘도 외줄 위에서

"선생님, 조심하는 게 좋을걸요!"

운동장에서 그네를 타고 놀던 1학년 아이가 갑자기 무슨 생각이 났는지 쪼르르 다가와 말한다.
"선생님, 우리한테 폭력 안 하실 거죠? 만약에 우리한테 폭력 하면요, 우리 아빠가 교육청에 신고한대요. 조심하는 게 좋을걸요."
갑작스러운 말에 나는 겁먹은 표정을 지으며 대답한다.

송주현 _ 34년 차 교사. 춘천 만천초등학교에서 1학년 담임을 맡고 있다. 잘 크려고 애쓰는 아이들의 모습을 기록하고 싶어 글을 쓰며, 『나는 1학년 담임입니다』 『학부모 상담기록부』 『착한 아이 버리기』라는 책을 냈다.

"어이쿠, 무서워라. 선생님이 조심해야겠네. 아빠가 신고 안 하시게."

내 표정을 본 아이가 나를 안심시킨다.

"근데 오늘은 걱정 마세요. 우리 아빠 오늘 일 갔으니깐요."

쉬는 시간이 끝나고 교실로 들어가는데 고학년 아이 한 명이 신발장 문을 쾅 닫는다. 좀 떨어진 곳에서 그 모습을 본 내가 아이를 불러 신발장 문 살살 닫으라고 하자 아까 그 아이가 또 말한다.

"선생님, 지금 저 형아한테 폭력 하실 뻔했죠? 조심하세요. 교육청에 잡혀가면 어쩔라구 그래요. 그럼 집에도 못 갈라 그래요? 그럼 큰일이잖아요!"

난 조금 전과 같은 표정을 지으며 말한다.

"아, 맞어. 선생님 큰일 날 뻔했네. 집에 못 가면 강아지 밥도 못 주는데. 안 그럴게."

점심시간. 밥 먹기 전에 손을 씻으러 소란스럽게 뛰어가는 아이들을 불러 잔소리하자 아이가 또 내게 말한다.

"선생님, 지금 또 애들한테 폭력 할라 그랬어요? 아휴! 그러다 진짜 잡혀간다구요! 진짜 집에도 못 갈라 그래요?"

아이의 부모는 얼마 전 한 교사가 아동학대로 신고를 당했다는 뉴스를 보았을 것이다. 그리고 이런저런 얘기 끝에 교사를 신고하는 이야기도 했나 보다. 아이는 그 말을 듣고 담임인 나를 떠올린 듯하다. '때리기'나 '욕하기' 등 구체적인 행위를 일컫는 낱말 대신 '폭력'이라는 말을 쓰는 걸 보면(1학년 아이에게 '폭력'은 추상적으로 이해될 수 있는 낱말이다) 부모와의 대화가 자세진 않았던 것 같다. 그런데도 아이는 나를 졸졸 따라다니며 경각심을 일깨워주고 있다. 아이 눈에 나의 훈육이 폭력으로 보이는 모양인데, 나도 뉴스에 나온 교사처럼 잡혀갈까봐 걱정되나 보다. 고맙게도 나에 대한 애정을 그렇게 표현하는 것이다.

교사가 아동학대로 신고당한 뉴스가 보도될 때마다 1학년 교실에서는 이런 상황이 벌어진다. 뉴스에 나오는 교사처럼 우리 선생님도 잡혀갈지 모른다고 생각하는 것이다. 멀리 있는 학교에서 일어난 일이고 우리 반은 괜찮다는 설명을 반복해도, 1학년 아이들을 이해시키기는 쉽지 않다.

갈수록 아이들을 가르치며 먹고사는 교사의 삶이 힘들어지는 건 분명하다. 30년 전, 콩나물시루 같은 교실에서 60명 넘는 아이들을 가르칠 때보다 겨우 20명 남짓을 가르치는 요즘이 교사들에겐 왜 더 힘든가. 아이들 가르치며 먹고사는 직업의 숙명이거니 하지만 예전과 달리 학생, 학부모와 실랑이가 늘고, 감정 소모가 커진 탓도 있을 것이다.

교사의 훈육은 교육일까, 학대일까?

십여 년 전, 함께 근무했던 선배 교사의 일이다. 수업 시간에 장난을 친 아이에게 반성문을 쓰게 했다. 아이는 부모에게 가서 '자기만 장난친 게 아닌데 선생님이 다른 애는 봐주고 자기만 반성문 쓰라고 했다'고 말했다. 다음 날, 학부모는 학교에 항의 민원을 넣었다. 아이가 담임에게 차별을 받고 있으니 시정해달라는 내용이었다. 교장은 담임을 불러 민원이 발생하면 학교 평판이 나빠지니 잘 해결하라고 했다. 담임은 학부모에게 편지를 썼다. 아이가 억울해하는 것은 이해가 되나 특별히 미워해서 그런 것이 아니며 평소 아이의 수업 태도가 걱정스러워 반성문을 쓰게 했다는 내용이었다. 그 일로 아이가 미움을 받을까 염려한 부모는 아이의 친구들에게 담임이 자기 아이를 어떻게 대하는지, 어떤 말을 하는지 묻곤 했다. 부담을 느낀 담임은 아이가 수업을 방해하고 친구 관계에 문제를 일으켜도 적극적으로 훈육하지 못하고 소심하게 대처했다.

현장학습 날이었다. 점심을 먹는데 아이가 장난을 치다 다른 아이의 도시락을 엎었다. 담임은 우는 아이를 달래고 그 아이의 도시락을 함께 나눠 먹도록 중재했다. 학부모는 다시 항의 민원을 넣었다. 담임이 아이의 작은 실수를 친구들 앞에서 언급하며 모욕감을 줘서 아이가 학교에 가지 않겠다고 하니 등교를 시키지 않겠다는 내용이었다. 교장에게 불려간 담임은 오후에 아이의 집으로 찾아가 사과했다. 이 소식은 금세 퍼져 선생님이 누구네 집에 과일을 사 들고 찾아가 잘못을 빌었다더라는 소문이 돌았다. 어떤 아이는, 그 애가 잘못한 게 맞는데 왜 선생님이 사과하느냐고 담임 편을 들었고 어떤 아이는 선생님이 앞으로 우리에게 무섭게 안 할 거라며 좋아했다.

얼마 뒤, 학급 아이들 사이에 다툼이 일어났다. 담임은 반 전체에게 종이를 나눠주고 사건에 관해 쓰라고 했다. 그 결과 그 아이가 다툼의 원인임을 알았다. 하지만 이전 일로 부담을 느낀 담임은 아이에게 직접 말하지 않고 부모에게 편지를 썼다. 오해를 줄여보기 위해서였다. 하지만 부모는 또다시 항의 민원을 넣었다. 담임이 자기 아이를 미워하니 아이가 비뚤어질 수밖에 없지 않겠느냐고, 그래서 문제를 일으키게 되었는데 담임은 아이 탓을 한다고. 학부모는 교장에게 아이를 전학시킬 것이며, 이 사건을 인터넷에도 올리겠다고 했다. 교장은 담임과 학부모를 한자리에 불러 각자 입장을 해명하고 화해를 중재했다. 이 자리에서 부모는 담임을 더 이상 신뢰할 수 없으니 앞으로 자기 아이가 잘못하면 동영상을 찍어 보여달라고 했다.

담임은 고민 끝에 스마트폰을 샀다. 그리고 아이를 불러 이야기했다. 선생님 생각에 네 수업 태도나 친구를 대하는 태도가 더 좋아져야 할 것 같은데 부모님이 믿지 않으시니 앞으로 걱정스러운 모습을 보일 때마다 동영상을 찍겠다고 했다. 아이는 울면서 말했다. "저 그럼 엄마한테 맞아 죽어요."

그래도 담임은 동영상을 찍었다. 그렇게라도 해서 오해를 풀어 명예를 찾고 싶어서였다. 하지만 영상을 끝내 학부모에게 보내지는 않았다. 영상 속 아이 눈빛이 마음에 걸렸다고 했다. 학부모가 민원을 넣은 것도 다 제 아이 잘 키우려는 마음에서였겠지, 설마 담임 밥줄 끊으려고 일부러 그러겠나 생각도 해보았다. 교사와 학부모가 증거를 두고 다투는 게 아이 성장에 무슨 도움이 될까도 싶었다.

시간이 지나면서 학부모는 아이에게 요즘도 담임이 너를 미워하느냐고 이따금 물었다. 아이가 '모른다'고 답하면 다른 부모들에게 '담임이 얼마나 무섭게 하면 애가 부모에게 속마음을 숨기겠냐'라고 한탄했다. 몇 달 후 아이가 졸업하던 날, 학부모와 담임은 인사를 나누지 않았다. 그리고 몇 주 뒤, 담임은 사직했다. 정년을 몇 년 앞둔 때였다.

나는 그분이 동영상 찍는 법을 묻던 후배 중 한 사람이었다. 평소 내가 아는 그 선생님은 아이가 문제행동을 한다고 동영상을 찍을 분이 아니었다. 고지식할 만큼 한결같던 분이 교실에서 동영상까지 찍는 상황이 막막했다. 그는 교직을 떠나는 대가로 스마트폰을 얻었다며 웃었다. 술 한잔으로 위로를 나누기엔 무거운 웃음이었다.

나 또한 힘들게 하는 학부모를 해마다 만났다. 학부모와 대립하더라도 내 소신대로 아이를 가르치고 싶었지만, 쉽지 않았다. 학부모가 넣는 민원에 맞서 내가 교육이라는 이름으로 행한 일의 진실을 증명해야 하기 때문이다. 내 노력을 몰라주는 학부모가 서운해서 자괴감을 느끼곤 했다. 교육은 포기하고 그저 아이들을 잘 데리고 있다가 위 학년으로 올려보내면 편하게 살 수 있는데 사서 고생하는 건가 싶기도 했다.

물론 이런 생각 뒤에 따라오는 '아이 성장에 필요한 훈육을 포기한 교사'라는 자괴감 역시 같은 무게였다. 아이의 문제행동뿐 아니라 학부모의 양육 방식에 대해서도 조언할 수 있어야 좋은 교사가 아닐까. 교사의 소신이 권위를 잃어가는 시대에 나는 왜 이런 고민을 붙잡고 있나. 교권이 낮아진 이유 중에는 교권을 남용해 학생들을 인격적으로 대하지 않은 과거의 내가 있다. 알게 모르게 아이들을 무시하고 야단치면서도 교육이라는 이름을 붙이면 되는 줄 알던 때가 있었다. 나에게 상처받고 자란 아이가 부모가 되었을 때, 나 같은 교사를 아이의 담임으로 흔쾌히 믿고 받아들일 수 있을까.

위태로운 외줄 위에서

영화 〈죽은 시인의 사회〉의 말미, 키팅 선생이 마지막 수업을 마칠 즈음 제자들은 스스로 책상 위에 올라서는 걸로 선생에 대한 존경을 드러내는 장면이 나온다. 사람들은 이 장면이 감동적이라지만 난 볼 때마다 곤혹스럽다. 바로 다음 장면에서 키팅이 쫓겨나기 때문이다. 평생 선생 노릇밖에 모르던 사람이 학교에서 쫓겨나 어떻게 먹고살 것인가. 사람들은 영화에 나오는 키팅 선생이야말로 교사의 표본이라고 말하지만, 정작 그런 교사가 자기 아이의 담임이 된다고 하면 망설인다. 키팅 같은 교사가 먹고살기 어려운 시대다.

요즘 학부모들이 원하는 교사는 덜 정의롭더라도 자기 아이에게 유리하게 가르치는 교사다. 모든 아이에게 싫은 소리 하지 않는 교사가 어떻게 존재할 수 있을까. 교실 안에는 정의의 이름으로 훈육해야 하는 아이가 존재할 수밖에 없다. 그러나 교사가 망설이는 순간 교육은 두루뭉술해진다. 결국 야단을 맞고서라도 나쁜 버릇을 고쳐야 할 아이는 더 나은 인간으로 성장할 기회를 잃는다. 교육을 통해 존재 이유를 얻는 교사가 '가르치기'를 포기하면 아이들은 미성숙한 상태로 어른이 될 가능성이 높아진다.

나와 대척하던 학부모 중 일부는 아이의 상급 학년, 상급 학교 담임들과도 대립했다. 그 영향으로 담임들을 우습게 알던 아이는 학교생활이 잘 안 되었다. 나중에 사회에 나가서도 어려움을 겪었다. 직장 생활도 결국은 학교 다닐 때와 비슷할 텐데, 아이를 잡아주는 이가 없어서였을 거라고 짐작한다. 아이의 미숙함에 대한 뒷감당은 모두 부모 몫으로 남게 된다. 결국엔 부모와 자녀 모두가 힘들어지는 것이다. 이런 소식을 들을 때마다 그때 내가 좀 더 학부모를 설득할 걸 후회가 된다.

민원에 맞닥뜨렸을 때, 교사는 대부분 홀로 싸워야 한다. 교장이나 동료 교사들은 이 상황을 거드는 일을 거북해하고, 교사를 보호할 제도적 장치와 법은 아직 모호하다. '교육은 서비스'라는 사회적 풍조 또한 이를 부추긴다. 그래서 교사들은 부당하거나 비교육적인 상황에서 망설인다.

지금 나의 하루하루도 정년을 몇 년 앞두고 학교를 떠난 그 선배 교사의 처지와 크게 다르지 않다. 언제 어떤 일로 나락으로 떨어져 쫓겨나게 될지 모른다. 정의로운 교사여야 한다는 당위성과 나쁜 선생이라 비난 받을지도 모른다는 두려움을 동시에 안고, 오늘도 나는 외줄에 올라탄 채 버티고 있다.

(vol. 110, 2017. 3-4)

교사와 학부모, 다르게 만나기

담임을 둘러싼 학부모들의 관심

3월 초가 되면 학부모들은 서로 담임 교사를 비교하느라 바쁘다. 그 과정에서 '새로운 담임 교사를 좋아하거나 싫어하거나' 둘 중 한쪽을 선택한다. 그리고 그 관점에서 자신의 생각을 확대해가며 교사를 판단하는 과정을 아이와 가감 없이 공유한다. 담임 교사 얼굴 한번 보지 않은 채 주변의 이야기만 듣고 '맘에 든다, 안 든다'부터 시작해 사사건건 학급운영의 일들을 평가 혹은

양영희 _ 광명의 구름산초등학교 교사로 일하던 시절에 쓴 글이다. 지금은 교직을 떠나 제주에 머무르고 있다. 『혁신학교 보내도 될까요?』『수작걸다』 같은 책의 공동저자이다.

비난한다.

부모가 이러니 많은 아이들도 담임 선생님 얼굴을 보기도 전에 선입견을 가지고 새 교실에 들어간다. 이런 경우 그 아이가 담임 교사와 좋은 관계를 맺기는 그리 쉽지 않다. 결국 부모의 사전정보 탓에 아이는 학교에 대해 부정적인 인식을 갖고 출발하게 되는 셈이다.

해마다 연말이면 우리나라 그 많은 십자가 밑에서의 기도 주제가 '좋은 담임 만나게 해달라는 것'이라고 한다. 몇 달 동안 마음을 모아 기도한 후 어쩌다 담임이 자신의 기호에 맞으면 하나님이 기도를 들어주셨다고 표현한다. 그리고 그 말은 아이를 통해 담임 귀에 들어오기도 한다.

'학교 쇼핑'이란 신조어가 생길 정도로, 자신에게 맞는 학교를 마트에서 물건 고르듯 골라 이사까지 다니는 경우도 허다하다. 그러니 담임이 맘에 안 들면 얼마나 바꾸고 싶을까. 그런데 그럴 수 없으니 일 년 내내 불만과 비난으로 시간을 소진한다. 그리고 비싼 돈을 들여 이사까지 왔는데 왜 자신을 만족시켜주지 않느냐고 따진다. 서로 다른 욕망의 잣대를 들이대어 한 사람의 교사가 좋은 교사 혹은 아주 나쁜 교사로 평가되기도 한다. '내 아이에게 어떻게 하느냐'만 중요하게 보기 때문이다. 공적 임무를 수행하는 교사에게 공정한 기준을 대지 않으면 그래서 위험하다.

일학년 담임을 피하라!

요즘 일학년은 초등학교 교사들이 가장 기피하는 학년으로 급부상하고 있다. 비교적 수업이 일찍 끝나고(그래도 일주일에 이틀은 5교시까지 한다) 아이들이 어려서 예쁘고 순수한데도, 교사들이 사춘기에 접어든 6학년만큼이나 1학년을 꺼려하는 데는 그만한 이유가 있다. 바로 학부모 때문이다. '1학년 교실에는 학생 수의 두 배가 앉아 있다'는 말이 있다. 학부모가 모든 안테나를 세우고 교실 안에 들어와 있으면서 사사건건 개입하기 때문에 하는 말이다.

특히 첫아이를 입학시킨 학부모는 아이와 마찬가지로 학교에 대한 이해가 없어서 시도 때도 없이 전화나 문자로 교사를 힘들게 한다. 뿐만 아니라 유치원이나 어린이집, 사설학원 등에서 원아를 유치하기 위해 베풀었던 과잉 친절과 서비스를 1학년 담임에게 요구하는 사례가 너무나 많다. 그리고 그런 요구를 수업 중이거나 한밤중이거나 아무 때나 해온다. 학교의 시스템이나 교육과정 운영, 그리고 교사의 사생활은 안중에도 없다. '시간 맞춰 아이에게 약을 먹여달라' '준비물이 교문 앞에 있으니 찾아다 줘라' '엄마가 외출했으니 아이에게 몇 시까지 어디로 가라고 해라' '학교 앞에 차 대놓고 기다릴 테니 시간 맞춰 아이를 보내달라' '학교 준비물이 뭐냐?' '짝을 바꿔달라' '급식 먹을 때

옆에 앉아 편식을 지도해달라' '아이가 물건을 잃어버렸으니 찾아내라'….

입학 후 몇 개월 동안은 아이와 함께 등교해 수업시간 내내 교문 앞을 서성이다 아이와 함께 하교하는 보호자들도 꽤 있다. 심한 경우는 일 년 동안 그러는 보호자도 있다. 그런 부모들은 대개 그들의 눈으로 본 학교 풍경들에 주관적 해석을 덧붙여 다른 부모들에게 전파한다. 그런 이야기에 살이 붙어 전혀 엉뚱한 소문이 만들어지기도 한다. 어떤 부모들은 그런 일에 자부심을 느끼는 것처럼 보이기도 한다. "내가 봤는데…" 하면서 기꺼이 소문의 원조가 된다.

교사가 아파서 병가를 내거나 임신해 출산휴가에 들어가면 바로 비난의 대상이 되기도 한다. 또 학교 형편상 이런 교사들이 담임이 될 수밖에 없는데도 학교에 항의 전화를 하고 교장실에 몰려오기도 한다. 그 반에 기간제 교사가 배치되면 왜 내 아이 반에 기간제 교사가 들어오냐고 항의한다. 학급에 학생 수가 많으면 교실을 더 지어달라 하고, 교실을 지어주면 우리 아이는 그 반에 안 보내겠다고 한다. 새 교실은 환경호르몬 때문에 건강에 좋지 않고, 학급이 분반 되면 친구 관계와 학습에 피해를 입을 거라는 판단 때문이다. 학부모들은 조금이라도 불편하면 바로 해결을 요구하지만, 그 해결 방법에서 누군가 손해를 봐야 한다면 바로 "나만, 내 아이만 빼고!"를 외친다.

감정노동에 시달리는 교사

학교 행정실이나 교무실 업무담당 직원들을 대하는 학부모들의 태도는 훨씬 심하다. 또 방과후 특기적성 교사나 기간제 교사를 대하는 태도는 말할 것도 없다. 수업 중인데도 아무 때나 교실 문을 열고 아이를 불러내기도 하고, 신발을 신은 채 교실을 마구 드나든다. 전화나 문자에서 거침없는 표현을 하기도 해서 속울음을 우는 비정규직 교사들이 많다. 아이들도 담임 교사를 대할 때와는 다른 태도를 취하며 노골적으로 차별 행동을 한다. 실제로 방과후 교사나 기간제 교사 등 비정규직 교사들은 학부모들로부터 교체 요구를 수시로 받기도 한다. 무엇이든 사설 학원처럼 자신들의 욕구를 학교에 표명하는 것이 어제오늘 일은 아니다.

얼마 전에는 어느 학부모가 복도를 지나다가 교사가 아이를 혼내는 장면을 보고 바로 교무실에 전화를 한 적도 있다. '교사가 아이를 혼내는데 그래도 되냐'는 내용이었다고 한다. 앞뒤 상황도 알아보지 않고 그냥 자신이 보기에 교육적이지 않다고 생각하면 바로 전화기부터 든다. 교사가 할 수 있는 일이 무엇인가 하는 자괴감이 드는 장면이다.

부모와 함께 하는 체험학습을 일 년에 7일까지 보장해주는 제도가 있다. 학교 수업 외에 좀 더 다양한 체험을 통해 학습하라는 취지이다. 그런데 아파서 못 나오는 결석을 체험학습으로 처리해달라고 요구하는 경우도 있다. 숙제를 내면 왜 숙제를 집으로 내냐고 하고, 숙제를 내지 않으면 왜 공부를 안 시키냐고 한다.

학교나 담임에게 불만을 말하거나 요구하는 사람들이 예를 갖추는 일은 거의 없다. 그래서 요구 내용보다 관계를 통해 받는 스트레스가 훨씬 크다. 이런 과정들은 서로 마음 문을 굳게 닫게 만드는 결과를 초래한다. 호칭부터 '선생'이란 말도 생략한 채 입에 담지 못할 비속어를 사용하기도 한다니 교사들은 차라리 모르는 게 약이라는 생각이 들 정도다.

이렇게 교사에게 서비스를 요구하는 사례는 끝도 없이 이어져, 가르치는 일에 집중하고 그 일로 평가받는 것이 아니라 학부모와 아이들 마음에 들게 얼마나 감정노동을 잘 하느냐가 더 중요해졌다. 해가 갈수록 교직을 이행하는 데 고통이 깊어지는 느낌이다. 교사들이 담임을 피해 교과 전담 교사를 맡고 싶어 하는 경향이 있는데, 이는 담임 교사의 정신적 부담을 그대로 드러낸다. 실제로 담임을 하지 않으면 업무의 반은 줄어든 느낌이다.

학부모들이 학교에 불만을 얘기하는 가장 많은 부분은 다른 학교, 다른 지역, 다른 학년과의 비교에서 온다. 혁신학교 부장들이 모여 회의할 때 이런 얘기가 나왔다. 학부모들이 자신들이 알고 있는 좋은 학교 사례들을 다 모아 '그렇게 해달라' 한다고.

거기 모인 혁신부장들이 모두 공감하며 웃었던 기억이 난다. 학교의 편차 없이 학부모들이 취하는 행동양식은 모두 비슷하다는 걸 확인하는 순간이었다.

교사와 부모 소통하기

학부모 입장에서 보면 한국에서 부모가 된다는 건 참으로 험난한 과정을 감당할 용기가 필요한 일인지도 모른다. 아이가 학교에 들어가면서부터는 부모의 역할과 욕망이 마구 혼재되어 불안이 지배하고, 그 불안은 바로 학교나 교사에 대한 불신으로 연결된다.

일반학교에서는 특별한 학부모 외에는 담임과 긴 대화를 하거나 진지한 상담의 기회가 거의 주어지지 않는다. 부모도 교사도 서로 만나는 일이 편하지 않고, 만난다 하더라도 속말을 거짓 없이 하는 것은 매우 위험하다. 그들의 대화는 늘 뒤에 있는 아이나 다른 경우의 수를 염두에 두고 진행된다. 그러니 형식적이거나 시간 때우기 식으로 흐르기 쉽다.

교사는 아이의 상태를 정확하게 말하고 싶지만 그럴 경우 학부모들의 반응은 '우리 아이를 미워한다' 혹은 '담임이 뭘 바란다'로 나온다. 그러니 대화를 포기하는 경우도 많다. 진짜 상담이 필요한 경우의 반응도 위와 비슷하다. 또 부모들은 혹 담임이 아이를 나쁘게 볼까봐 있는 그대로를 말하지 않고 포장하여 말한다. 상담 기간에 담임을 만나면 해서는 안 될 말이 매뉴얼로 떠돌 정도다. 어떤 경우에도 아이 기를 죽이지 않겠다는 욕심이 모처럼 주어진 기회를 망친다. 아무리 그래도 교사는 매일 그 아이들을 만나고 사는데, 아이를 포장할 수 있다고 생각하는 부모들의 판단이 아쉬울 뿐이다.

대부분의 혁신학교에서는 학부모와의 관계 개선을 위해 많은 노력을 기울인다. 학부모들과 학교의 철학을 공유하고 공동의 주체가 되거나 진정한 협력자 관계를 맺고자 여러모로 애쓰고 있다. 학부모 상담 주간 운영, 학부모 아카데미, 학부모회 자치 활성화(총회, 대의원회 등), 동아리 활동 지원, 반모임, 학년 대표 협의회, 학년별 교육과정 설명회, 학부모신문 스스로 만들기, 학부모회 예산 기획부터 평가까지 스스로 하기, 협력 교사로 학교 교육과정에 참여하여 수업이나 행사 진행하기 등등.

이런 노력들을 통해 학부모가 내 아이뿐 아니라 모든 아이를 내 아이처럼 바라보는 공동체 의식이 높아지길 독려한다. 이런 문화 속에선 학부모 활동을 하더라도 그것이 가져다줄 결과를 내 아이에게 유리한 쪽으로 요구하는 행보는 할 수 없다. 물론 속마음까지 그런 철학이 녹아들기는 쉽지 않겠지만, 적어도 겉으로 개인의 욕망을 마구 표출하기에는 불편한 새로운 문화가 만들어지고 있다.

혁신학교에서 학부모 활동을 하거나 아카데미, 동아리 등에 참여하고 반모임, 협력 교사 등을 통해 학교를 이해하고 나면 새로운 활동주체가 되기도 하고, 교사와 더 가까워지면서 진정한 동반자적 관점으로 헌신하는 사례도 생긴다. 학교에 자주 와서 여러 곳에서 교사들이 미처 손닿지 못한 역할을 스스로 찾아 하면서 지내다 보니 교사들의 어려움을 실감하여 마치 동료 교사의 마음으로 하나가 되는 경우도 있다.

서로 다르게 보기, 다르게 만나기

지난 한 해 동안 우리 학급은 온라인 커뮤니티를 만들어 서로 소통하고 있다. 또 달마다 아이들의 글과 학교생활 이야기를 모아 학급신문을 만들어 가정에 보내고, 학부모와의 소통을 위해 담임이 보내는 편지를 1, 2주 간격으로 전하고 있다. 또 아이들에게 안전한 마을을 만들고자 '1박 2일 친구 집에 놀러가요 프로젝트'를 진행해 아이와 부모들을 만나게 하고, 반모임으로 학급 캠핑, 기찻길 걷기, 등반 같은 활동을 해오고 있다.

이런 노력 덕분에 부모들이 학급 아이들의 이름과 가족까지 알고, 어려움이 있으면 마을에서 서로 도움을 주고받기도 한다. 아이들이 등하굣 길에 친구 부모님을 만나 인사하는 일이 자연스럽다. 부모들은 갑자기 바쁜 일이 생기면 서로 아이를 돌봐주기도 하고 좋은 정보를 나누며 지낸다. 학급에서 아이들이 다퉈도 어른들이 마을을 이루고 있으면 아무 문제가 되지 않는다. 그러면 아이들도 어른들을 보고 배우게 되어 학급문화가 달라지게 된다. 이렇게 되기까지는 담임 교사의 정성스런 역할과 학부모들의 도움이 필요하다.

혁신학교에 와서 동료 교사들과 가장 견해차가 많았던 부분이 바로 '학부모와 지역을 바라보는 시각'이었다. 많은 교사들이 오랫동안 학부모와 부정적인 만남을 경험하고 살아오다 보니 그것이 학부모와 새로운 만남을 만들어가는 데 큰 장애가 된다. 공교육 교사들 중에는 '학부모와는 일정 거리를 둬야 하고, 절대 학부모는 교육과정이나 수업에 참여할 수 없다'고 생각하는 교사가 많다. 그래서 학부모를 바라보는 시선을 재점검하는 일이 중요한 문제로 대두된다. 학부모와의 좋은 경험을 통해 교사의 인식이 변하는 데는 노력과 시간이 필요하다. 그리고 이런 문화를 이끌어주고 뒷받침해주는 학교장의 철학과 리더십은 필수사항이다.

나는 교직에서 깨달은 몇 가지를 실천해보고 학교가 행복해졌다고 함부로 말하는 우를 범하지 않으려고 한다. 아이들 행복은 일 년이 아니라 교육 기간 내내 보장되어야 하니까. 지금 공교육에서 학부모와 교사의 관계를 건강하게 만들기 위해서는 '서로 다르게 보기, 다르게 만나기'부터 시작해야 한다. 작은 실망이 이어지더라도 줄기를 놓치지 말고 가야 한다. 한두 가지 시도해보다가 바로 별 소용이 없다며 접어버린다면 학교는 달라지지 않을 것이다.

(vol. 91, 2014. 1-2)

80년대생 학부모는 무엇이 다른가

달라진 학부모 세대

초임 교사 시절 만난 학부모들은 1960~70년대에 태어난 분들이었다. 나이로 따지면 모든 학부모가 선배인 셈이었다. 매사가 조심스러웠고, 가끔 상식 이하의 언행을 하는 분도 있었지만 '어른'으로서 존중하려고 애썼다.

"선생님이 아직 자녀를 키워본 적이 없으셔서 그래요"라는 말에 대응할 말이 많지 않았던 시절, 학부모라는 존재 자체만으

김의진 _ 서울시교육청 장학사. 중학교 체육교사로 일하다 체육교육의 방향을 잡고 교사들을 돕는 일을 하고자 장학사가 되었다. 『장학사의 삶과 일』『하와이 빅아일랜드 여행기』를 썼고, 『쉽게 배우고 함께 나누는 스마트 체육 수업』등을 함께 썼다.

로도 부담스러웠다. 지금이야 "저도 학부모라서 그 마음 잘 이해합니다" 같은 말로 공감을 효과적으로 표현할 수 있지만, 그때는 등에 식은땀 나는 순간이 많았다. 교사로서 전문성이 부족해 보이지 않으려 고심했던 기억이 있다. 차라리 미숙함을 인정하고 노력하는 모습을 보였더라면 마음 편했을 텐데, 몸에 맞지 않은 옷을 입으려 애썼던 그때의 모습이 떠올라 부끄러움이 밀려온다.

시간은 흐르고 흘러 어느덧 나도 40대 학부모가 되었다. 바야흐로 1980년대생 학부모 시대가 왔음을 실감할 수 있는 곳이 초등학교다. 초등학교는 모든 부모들에게 '우리 아이 인생의 첫 학교'이기 때문에 학부모도 아이와 마찬가지로 학교생활의 모든 것이 낯설고 궁금하고 걱정스럽다. 아이가 초등학생이면 학부모도 초등학생, 고등학생이면 학부모도 고등학생이라는 말이 괜히 있는 것이 아니다. 부모도 자녀와 함께 학부모로서 성장하기 때문이다.

초등 저학년 학부모는 저학년처럼 불안함과 역동성을 동시에 지니고 있다. 지금까지는 이러한 초등 학부모 특성에 대한 공감대가 있었고, 그 범위 안에서 학부모들의 행동을 대부분 이해하고 받아들일 수 있었다. 그런데 최근 교육계에서 이슈가 되고 있는 안타까운 사례들을 보면 학교현장에서 받아들일 수 있는 범위를 넘어서는 수준이다. 과거와는 다른 일이 비일비재하게 벌어지고 있다는 것은 교사와 학생, 사회의 변화도 있지만 무엇보다 학부모 세대가 달라졌기 때문이라고 생각할 수밖에 없다. 과연 1980년대생 학부모들은 무엇이 다른 걸까.

80년대생 학부모를 연구한 경기도교육연구원의 보고서[1]를 읽어보았다. 80년대생 초등 학부모를 넓게는 X세대의 끝자락과 밀레니얼 세대의 초중반 연령에 걸쳐 있는 집단으로, 좁게는 밀레니얼 세대와 동일하게 규정하고 있었다. 이 연구에서는 밀레니얼 세대의 특징을 다음과 같이 설명한다.

첫째, 개인과 조직을 계약관계로 이해한다. 직장에서의 장기 근속보다는 즉각적이고 구체적인 보상을 요구한다. 둘째, 디지털 문화를 만들어내고 소비하며 이를 멀티태스킹으로 동시에 소화한다. 셋째, 타인과 공유하고 이야기하기를 좋아한다. 매우 넓은 네트워크와 다양한 수단으로 정보에 접근하기 때문에, 특정 전문가의 영향은 상대적으로 적게 받는다. 넷째, 개인주의 성향이 강하지만 참여와 협력에 대한 욕구는 높다. 자신을 조직의 일원으로 생각하지만 개인을 더 우선시하며, 일과 삶의 균형을 추구하고, 상호 협력하는 데 개방적이다.

주변을 돌아볼 것도 없이 1980년생인 나는 어떤가 생각해본다. 맞는 것도 있고 아닌 것도 있는 것 같다. 분명한 것은 '직장

---

[1] '1980년대생 초등학교 학부모의 특성', 《이슈》 2020-06, 경기도교육연구원, 2020.

에서의 나' '가정에서의 나' '그냥 나'의 정체성을 구분하고 싶어 한다는 것이다. 일과 삶의 균형을 추구하는 것 역시 공감하는 특징이며, 정보에 접근하는 방식이나 판단을 내리는 과정 등에도 공감한다.

이 연구보고서에서는 1980년대생의 성장기와 현재를 다음과 같이 정리하고 있다. 첫째, '밀레니얼 맘'들은 대체로 고학력이며, 미혼 시절 알파걸[2]에서 결혼 후 슈퍼맘이 된 사람들로 예전과는 다른 새로운 부모 유형이다. 둘째, 아날로그 세계와 디지털 세계를 함께 경험한 세대이다. 셋째, 10대 시절 아이돌 팬덤 문화를 만들어냈던 세대이다. 넷째, 이른바 '이해찬 세대'로 야간자율학습 폐지, 각종 특기자 제도 도입 등으로 과도한 공부에서 탈출하기 시작한 세대이다. 다섯째, 일부는 극성 엄마로 이른바 '맘충'이라는 비난을 받고 있다.

1980년대생 학부모인 나는 자녀의 디지털 문화를 컨트롤할 수 있는 정도의 소양이 있는 것이 사실이다. PC통신과 인터넷 커뮤니티에서 적극적인 소통을 했던 경험도 있다. 자녀가 공부를 잘했으면 좋겠지만, 그렇지 않다고 해서 자녀의 인생이 실패할 것이라고 생각하지는 않는다. 나 역시 공부를 좋아하진 않았지만 교사가 되고 싶고, 교사가 되려면 어느 수준까지는 도달해

---

[2] 학업, 운동, 리더십 등에서 성취욕과 자신감이 있는 여성을 일컫는 말.

야 한다는 목표가 있어 딱 필요한 만큼 집중해서 공부를 했다. 지금이야 공무원으로서 해야 할 일은 책무성을 가지고 하지만, 20대까지만 해도 정말 하고 싶은 일 위주로만 했던 것 같다. 이런 내 모습을 일반화할 수는 없겠지만, 아마도 1980년대생 학부모들의 특성이 이와 비슷하지 않을까 생각한다.

초등 학부모들이 학교에 기대하는 것들

주변에서 들은 이야기와 다양한 자료들을 종합해보면, 요즘 초등 학부모들이 학교에 기대하는 것과 그로 인해 생기는 문제는 다음과 같이 요약할 수 있을 것이다.

첫째, 초등 단계에서 가장 역점을 두기를 기대하는 것은 학업 성취가 아니라 '인성 지도와 공동체 생활'이다. 이는 학업 성취를 모든 것에 우선하는 과제로 여기던 과거의 학부모와 구별되는 점인데, 자녀교육에서 가장 버거운 부분 중 하나가 바로 인성교육과 공동체 생활이기 때문이다. 기본적인 인성교육은 가정에서 해야 하는 것이 맞지만, 자녀와 보내는 시간이 많지 않은 부모들이 대부분이다 보니 이런 교육을 학교에서 맡아주길 기대한다는 것이다. 아마 초등 교사들 입장에서 가장 부담되는 부분도 바로 이 지점이 아닐까 싶다. '인성교육까지도 교사가 해야 한다'는 전제를 바탕으로 가정에서 최소한의 교육도 없이 학교에 모든 것을 기대하는 느낌을 받는 것이다. 수업을 책임지고 이끌어나가면서 다수의 학생을 동시에 교육해야 하는 교사 입장에서 이는 큰 부담으로 다가온다.

둘째, 초등학교에서 최대한 다양한 경험을 하며 잠재력과 재능을 발견할 수 있기를 기대한다. 아이러니한 것은, 이러한 경향이 중학교부터는 교과학습에 집중해야 하니 초등 시기만이라도 '아름다운 학교생활'을 해볼 수 있기를 바라기 때문이라는 것이다. 초등 수준의 학업 성취는 부모가 도와줄 수도 있고, 사교육을 통해 얼마든지 충족시킬 수 있다는 전제도 깔려 있다. 교사에게 '교육과정을 실현하는 전문가'의 역할을 기대하기보다는 다양한 활동 및 생활지도의 전문가 역할을 기대한다. 혁신학교가 초등 단계에서는 인기 있지만 중학교 이후에는 인기가 떨어지는 이유도 여기 있는 것으로 생각된다.

셋째, 초등 학부모들의 가장 큰 걱정거리는 '교우관계, 학교폭력, 집단따돌림' 같은 부정적인 경험인 듯하다. 다양한 미디어를 통해 여러 사례들이 자극적으로 묘사되며, 진실과 거짓이 혼재된 정보들이 빛의 속도로 공유되고 있다. 그러나 부모들의 우려와 달리 절대 다수의 학생들은 대부분 학교에서 친구들과 즐겁게 살아가고 있다. 부모들이 이 사실에 초점을 맞추어 자녀가 건강하고 즐거운 학교생활을 하는 데 힘을 실어주었으면 좋겠다. 교사를 거쳐 장학사로 근무하면서 접한 다양한 사례를 볼 때, 내 자녀가 잘 지내는 것뿐만 아니라 내 자녀로 인해 교사나 다른 학생들이 힘들어지지 않도록 배려하는 것이 중요하다는 생각이 든다.

넷째, 학교교육의 당위성과 책무성에 대한 인식이 변화하고 있다. 특히, 코로나 팬데믹을 겪으며 학교를 반드시 가야 한다는 생각이 크게 변화했음을 체감한다. 개근상이 학생의 역량을 입증하는 지표로서 효용성을 잃어가고 있는 것이다. 학생의 신체적·정신적 건강은 무엇보다 중요한 가치이며, 정신적 건강의 상당 부분은 사회적 상호작용을 통해서만 얻을 수 있다. 학교에 와서 친구들을 만나고 교사라는 어른과 상호작용하면서 자연스럽게 배워가는 것들은 그 무엇과도 바꿀 수 없는 경험적 배움이다. 이러한 맥락에서 학습권의 의미는 곧 학교생활이라고 해석할 수 있다. 학교에서 배울 것이 없다며 학교교육을 소홀히 생각하는 사람들이 늘고 있는 것이 안타깝다.

사람들은 대개 자신의 경험을 바탕으로 세상을 바라본다. 80년대생 학부모들이 다녔던 90년대 학교는 어떤 모습이었을까. 그들의 기억 속 학교는 여전히 교사의 폭력적인 지도가 일상인 '교사들의 왕국'으로 남아 있는 듯하다. 30여 년이 지난 지금의 학교문화는 완전히 달라졌음에도 불구하고 기억 속의 학교는 90년대 그대로 멈춰 있는 것이다. 학교에서 배웠던 좋은 가르침들은 자연스럽게 우리의 삶 속에 녹아들어 잘 기억나지 않는 반면, 부정적이었던 일들은 기억 속 깊숙이 자리 잡아 두고두고 영향을 미친다. 학교와 교사에 대한 부정적인 이슈가 터질 때마다 한마디씩 하는 사람들의 이야기가 대체로 비슷한 것을 보면, 당시의 학교에 대한 부정적인 공감대가 이어지고 있는 것 같아 안타깝다.

오늘날 학부모와 교사 간의 갈등은 교사의 교육 전문성에 대한 존중이 과거에 비해 상대적으로 약화되어서가 아닐까 싶다. 실제로 교사의 전문성은 이전보다 더 높아졌음에도 교사에 대한 존중은 더 떨어졌다고 느껴진다. 학교에서 배우는 교과 지식의 수준과 교사의 교육 전문성 수준을 혼동하고 있는 것은 아닐까 하는 의문도 든다. 초등 교사들의 전문성이 초등 수준이라고 생각한다면 큰 오해다. 부모로서 자녀 한 명을 교육하는 것도 얼마나 힘든가. 교사가 어떤 지식이나 가치를 학생들의 눈높이에 맞게 가르치는 것은 고도의 전문성을 요구하는 일이다. 학부모가 교사들을 신뢰하고, 그들의 경력이나 나이와 관계 없이 교사라는 존재 자체를 전문가로서 존중하는 것이 교사와 학부모 간의 신뢰를 회복하는 첫걸음일 것이다.

학교가 교사이고, 교사가 학교다

교사라는 직업을 가진 사람들은 기본적으로 정의롭고 선한

캐릭터를 갖고 있다. 본성이 그렇지 않더라도, 아이들을 대하는 사람으로서 '착하고 바람직한 행동을 하는 역할 모델로서의 어른'을 연기할 수밖에 없는 직업이다. 그런 자세로 아이들을 만나다 보면 교사로서의 소명의식도 자연스럽게 생겨난다. '더 좋은 교사가 되고 싶다'는 열정으로 부족함을 채워가며 전문성을 기르기 위해 노력하는 교사들이 늘어나는 것도 자연스럽다.

하지만 이런 교사들도 어느 날 갑자기 뜻하지 않은 일에 휘말리게 되면 그 빛나는 모습을 잃는다. 산전수전 다 겪은 베테랑 교사가 한순간에 무너지기도 한다. 교사 개인으로도 안타까운 일이지만 국가적 차원에서도 큰 손실이다. 가르치는 일이 매일 같은 행위를 반복하는 것처럼 보일 수도 있지만, 교사가 하는 일은 언제나 새롭고 또 새로울 수밖에 없다. 사람을 상대하는 일, 가르치는 일의 본질이 그렇다.

혹자는 온실 속 화초처럼 자란 모범생들이 교사가 되어 어려운 아이들을 잘 이해하지 못한다고 비판하기도 한다. 물론 성장 과정에서 다양한 경험을 한 사람이 교사로서 더 뛰어난 역량을 발휘할 수도 있겠지만, 이른바 모범생이었던 사람들은 기본적으로 문제를 해결하기 위해 필요한 것이 무엇인지를 파악하고 어떻게 해야 할지 계획할 수 있는 역량을 갖추고 있다. 이들에게 문제해결을 위한 물리적인 시간과 생각할 수 있는 기회가 주어진다면 과거의 선배 교사들보다 더 뛰어난 교육적 방법을 찾아

내어 실천할 수 있으리라 생각한다.

그 어떤 훌륭한 법률이나 제도가 있더라도 좋은 교사가 없다면 좋은 교육은 이루어질 수 없다. 우리나라 학교교육이 성공했던 결정적인 이유도 교사의 역량이 우수했기 때문이다. 정부가 좋은 정책을 내놓아도 교사들이 이를 구현하지 않으면 아무 의미가 없다. 학생들을 위한 일, 학부모들을 위한 일, 학교의 모든 교육활동이 결국에는 교사를 통해 이루어진다.

학부모와 교사는 서로 대척점에 놓여 있는 관계가 아니라, 학생의 바람직한 성장을 돕기 위해 서로 믿고 함께 가야 하는 관계다. 그동안 교사 교육, 학생 교육은 강조되었지만 어떤 학부모가 될 것인가에 대한 고민은 부족하지 않았나 돌아보게 된다. 법과 제도로 교사를 보호하는 장치를 마련하는 수준을 넘어, 부모로서 단순히 자녀 잘 기르는 일에 관심을 기울이는 것을 넘어, 부모 스스로 좋은 학부모가 되는 일에 관심을 기울일 수 있도록 많은 기회가 만들어지기를 바란다.

(vol. 149, 2023. 9-10)

신규 교사, 학부모와 소통하기

너무 가까우면 타고, 너무 멀면 추운 관계

어느덧 교직 생활 9년 차가 되었지만 아직도 학부모님들과 소통하는 일은 긴장된다. 여러 가지 이유가 있지만 무엇보다 나이를 무시할 수 없다. 30대 초반인 나보다 부모님들 나이가 평균 열 살 정도는 많다. 아이가 늦둥이인 경우엔 50대인 분도 있다. 교사와 학부모 관계로 만났다 하더라도 이런 나이 차를 넘어 대등한 관계로 만나기가 쉽지 않다. 특히 아이에 대해 좋지 않은

이승희 _ 92년생 초등 교사. '라희샘'이라는 닉네임으로 블로그에 학교에서 있었던 일을 쓰거나 유튜브에 영상을 올리고 있다. 『교사라는 세계』 에세이집을 함께 썼다.

이야기를 해야 하거나 교사로서 조언을 드려야 하는 상황이면 그렇게 불편할 수가 없다. 유교 문화의 잔재가 내 안에 남아 있는 걸까. 훗날 내가 학부모님과 비슷한 연배가 되면 그땐 좀 더 편하게 이야기 나눌 수 있을까. 아마 그때가 되어도 쉽진 않을 듯하다. 단순히 나이 차이 때문만이 아니라 '교사와 학부모'라는 관계의 특수성이 있기 때문이다.

교사와 학부모 사이에는 아이가 존재하기 때문에 복합적인 역학 관계가 작용한다. 교사와 아이의 관계가 학부모와의 관계에 영향을 끼치기도 하고, 교사와 학부모의 관계가 아이에게 영향을 끼칠 수도 있다. 학부모와 사이가 좋다가도 아이에 대해 불편한 소식을 전하면 갑자기 서먹해지기도 하고, 사이가 좋지 않다가도 아이가 나를 너무 좋아하면 자연스레 학부모와의 사이도 좋아진다.

예전에 한 선배 교사가 내게 학부모를 난로 대하듯 하라고 조언해준 적이 있다. 너무 가까이하면 타버리고, 너무 멀리하면 추우니 적당한 거리를 유지하라는 뜻이다. 그땐 신규 교사 시절이라 무슨 말인가 했는데, 지금의 내 마음이 딱 그렇다. 학부모님과 어느 정도 거리를 유지하면서도 아이를 위해 긴밀히 협력하고 싶다.

우와, 이 학부모님 되게 좋으시다

여러 학부모님과 소통하다 보면 개인적으로 선호하는 학부모의 유형이 생기기도 한다. 내가 선호하는 학부모는 크게 네 유형으로 정리해볼 수 있다.

첫째는 예의를 지켜주시는 학부모님이다. 이 유형을 가장 먼저 언급하는 이유는 그렇지 않은 분들이 생각보다 꽤 많아서다. 협조 사항이 있어 메시지를 보낼 땐 몇 번이고 답장을 안 하시다가 본인이 필요할 때만 느닷없이 연락하는 분도 있고, 전화 상담을 할 때 반말을 섞어 말하는 경우도 은근히 많다. 내가 결혼을 했는지, 자녀가 있는지, 어디 사는지 등 사적인 내용을 집요하게 물어보며 곤란하게 하는 분도 있다. 내가 미혼임을 지레짐작해 '선생님은 아이가 없어 모르시겠지만' 하며 운을 떼는 분도 있다.

학부모님께 특별히 공손함을 원하는 게 아니다. 그저 보통의 예의 있는 말투만으로도 너무 감사하다는 생각이 들고, '아, 이 학부모님 되게 좋으시다'라는 느낌을 받는다. 그런 분들께는 나 역시 진심으로 잘해드리고 싶고 괜히 더 마음을 쓰게 된다.

'예의를 지키는 학부모'의 범주에는 '시간'을 지켜준다는 의미도 포함된다. 퇴근한 뒤에 갑자기 연락이 오면 '이 시간에 무슨 일이지? 별일 아니어야 할 텐데'라는 걱정부터 들면서 불안하고 긴장된다. 물론 아이한테 긴급한 상황이 발생했다면 최대한 빨리 연락하는 게 맞지만, 대개는 업무 시간에 처리해도 충분한 일인 경우가 많다. 늦은 시간이더라도 "선생님, 퇴근하고 쉬실 텐데 죄송해요"라는 말을 먼저 꺼내주시면 전화벨이 울릴 때 긴장됐던 마음이 풀리기도 한다.

두 번째는 '쿨'한 학부모님이다. 그분들은 일단 교사를 믿어주신다. "선생님께서 당연히 잘해주시겠죠"라고 말씀하시면 나도 더 잘해야겠다는 의욕이 샘솟는다. 확신 있게 교육활동을 펼칠 수 있도록 길을 터주는 느낌이랄까. 그런 말에 힘입어 아이들한테 이것저것 시도해보게 되고, 좀 더 다양한 교육활동에 도전해보게 된다. 반면 작은 것 하나도 예민하게 받아들이고 사소한 것까지 마음에 담아두는 학부모를 대할 땐 나도 괜히 긴장해서 버벅거리게 된다. 혹시라도 실수할까 걱정돼서 교육활동을 계획할 때도 도전하기보단 최대한 무난한 활동을 하게 된다. 작은 것에도 항의가 들어올 수 있어 걱정하다 보니 마치 살얼음판을 걷는 기분이다.

세 번째는 덕담을 주고받는 학부모님이다. 그게 뭐 별거인가 싶을 수도 있지만, 생각 외로 그런 말들이 하루의 기분까지 좌지우지한다. 가벼운 인사나 덕담을 주고받은 날이면, 하루 종일 기분이 좋아 수업도 더 적극적으로 하게 된다. 학부모님이 먼저 밝게 인사해주시면 나도 더 친절한 말투를 쓰게 되고, 사무적으로 이것저것 요청만 하는 학부모님께는 나도 모르게 꼭 필요한 얘기만 하면서 딱딱하게 응대하게 된다. 항상 친절한 말투를 쓰자고 다짐하지만 나도 모르게 상대와 비슷한 말투, 비슷한 온도로 대화하고 있는 자신을 발견하게 된다.

마지막으로는 솔직하게 얘기하는 학부모님이다. 이건 최근에야 정말 좋다고 느끼게 된 유형이다. 신규 교사 때는 이런 분을 만나면 부담스럽기도 하고, 하신 말씀을 어떻게 받아들이면 좋을지 고민이 많았는데 이제는 섭섭한 점을 솔직하게 말씀해주시는 학부모님들이 오히려 좋다. 아쉬운 점이 있는데도 아무 말 없다가 학교나 교육청으로 익명의 민원을 넣어 결국 돌고 돌아 내 귀에 들어오면 그리 기분이 좋지 않다. 직접 말하기에 불편했을 심정이 이해되면서도, 스스로 되돌아보고 개선해보겠다는 마음이 들기 전에 속상함부터 밀려온다.

이 세상에 완벽한 사람은 없으니까 당연히 담임 교사한테도 아쉬운 점이 생길 수 있다. 그냥 넘어가기 어려울 정도로 아쉽고 불편한 점이 있다면 그냥 솔직하게 말씀해주셨으면 좋겠다. 스스로 더 노력해야 할 부분이라면 기꺼이 고칠 의향과 의욕이 있기 때문이다. 내게 솔직하게 원하는 바를 허심탄회하게 얘기하시는 학부모님께는 더 노력해서 잘 해드려야겠다는 마음이 들곤 한다. 스스로를 되돌아볼 수 있어 감사한 마음도 든다.

부모님이 아이에 대해 걱정되는 부분도 솔직하게 얘기해주시는 것이 좋다. 학기 초에 한 학부모님이 아이가 마음이 여린데 그걸 숨기려 오히려 말을 거칠게 한다고 말씀해주셨다. 덕분에 아이에 대해 더 깊게 이해할 수 있었고 일 년 내내 오해 없이 아이의 마음을 잘 다독이며 지낼 수 있었다. 이처럼 교사와 학부모가 서로 소통하고 노력하면 아이의 학교생활에 큰 도움을 줄 수 있다.

서로 존중받고 싶은 마음은 똑같다

물론 이는 교사 입장에서 바라는 학부모상이고, 학부모도 교사에게 원하는 게 많을 것이다. 그동안 학부모님과 소통하며 느낀 바로는 그분들 또한 교사와 대화할 때 '감정'을 중시한다는 것이다. 감정 없이 사실만 전달할 때보다 진심으로 학부모의 감정에 먼저 공감할 때 소통이 더 잘되는 느낌을 받았다.

얼마 전 한 아이가 체육관에서 놀다 쌍코피가 터진 적이 있다. 나도 이렇게 속상한데 부모님 마음은 어떨까 싶었다. 그래서 학부모님께 아이가 다친 사실을 자세히 설명해드리면서, 무엇보다 학부모님이 얼마나 놀라고 걱정스러우실지 공감하고 위로하는 데 마음을 많이 썼다. 처음엔 속상해하던 학부모님도 나중에는 가볍게 웃으시기까지 하며 "선생님께서 같이 걱정하고 신경써주시니 마음이 좀 풀리네요" 하셨다.

누구나 그렇듯 부모 마음속에도 아이처럼 칭찬받고자 하는 마음이 있는 것 같다. 그래서 종종 교실에서 애들을 관찰하다 칭찬할 거리가 생기면 학부모님께 전달하기도 한다. "○○가 굉장히 예의 바르고 밝아요. 학부모님께서 사랑을 많이 주고 키우신 것 같아요. 너무 기특해서 연락드렸어요. 저도 ○○ 같은 딸이 있었으면 좋겠네요." 이렇게 아이의 장점을 얘기하면 학부모님은 진심으로 기뻐하며 아이를 위해 더 힘써보겠다고 하신다. 아이를 위해 협력할 수 있어서 나도 기분이 좋아진다. 교사가 학부모와 협력관계를 공고히 하면 아이의 성장을 위해 긍정적인 선순환을 만들 수 있다.

'칭찬'이라는 요소와 연관지을 수 있는 한 가지가 더 있다. 그건 바로 '위로'다. 학부모님 중에는 진심 어린 위로가 필요한 분들도 많다. 가끔 대화를 나누다보면 유독 기운 없는 목소리로 양육의 어려움을 토로하는 분들이 있다. 그러면 나도 괜히 마음이 찡해져서 짧은 말 한마디라도 위로를 해드리려고 한다.

얼마 전, 한 학부모님과 전화 상담을 하는데 내내 걱정 어린 목소리로 말씀하셨다.

"선생님, 아이가 너무 조용한 것 같아요. 이거 정상이 아닌 거 같은데 어떡하죠? 학교에서도 아이가 기죽어 있나요? 너무 엄하게 키워서 애가 입을 다문 것 같아 걱정이에요. 제가 아이를 잘못 키운 걸까요?"

엄마의 걱정과 달리 아이는 학교에서 굉장히 밝고 사교성도 좋았다. 난 아이가 아주 잘 지내고 있으니 걱정하지 마시라고, 아이가 학교에서 즐겁게 생활하는 것만 봐도 부모님께서 잘 키우고 계신 거니까 마음 편히 가지셔도 된다고 위로해드렸다. 학부모님은 연신 고맙다면서 이제야 마음이 좀 놓인다고 하셨다. 나 또한 자식 걱정이 먼저인 우리 부모님이 떠올라 마음이 찡했다. 전화를 끊으며 학부모님께 아이한테 칭찬 많이 해주시고 더 사랑해주셨으면 좋겠다고 말씀드렸다. 내 작은 위로가 힘이 되길 바라며.

  새 학년을 맡으면 학기 초에 "최선을 다해 아이들을 지도하겠습니다"라고 편지를 써서 가정으로 보낸다. 그 문장에는 학부모님들이 느낄 법한 왠지 모를 걱정과 불안을 덜어드리고픈 마음이 담겨 있다. 학부모는 결국 아이들의 말로 교사를 이해하기 때문에 무엇보다 아이들을 진심으로 아끼고 사랑해주는 게 제일 중요할 것이다. 올 한 해도 학부모님과 협력하며 마음과 마음이 이어진 따뜻한 관계를 맺을 수 있길 바라본다.

(vol. 146, 2023. 3-4)

교사가 편향된 교육을 할 때

교사의 종교적 신념이 드러나는 교실

"엄마, 대기권 물층 알아?"

어느 날 초등학교 5학년인 아이가 불쑥 물었다. 담임 선생님에게 들은 이야기라며, 나도 알고 있는지 확인하고 싶어 했다. 기독교계 일각에서 주장하는 가설을 이야기하는 것 같았다. 대기권 물층으로 지구가 뜨거워져 공룡이 멸종하고 노아의 방주가 가능한 비가 내릴 수 있었다는 아이의 설명이 그러했다.

새 학년이 시작되고 얼마 되지 않아 아이는 "난 아무래도 선

이효정 _ 두 아이의 양육자. 공부하는 엄마들의 모임 '부너미'에서 활동하고 있다.

생님 때문에 무교가 될 것 같아"라며 뜬금없이 종교에 대한 입장을 선언했다. 담임 교사는 과학과 무관한 엉뚱한 시간에 "가스 폭발이 일어나서 집이 생기는 게 말이 되니?"라며 우주 빅뱅론을 부정했고, "종로에서 사람 뼈 하나, 광화문에서 뼈 하나가 발견되었는데, 그걸 같은 사람의 뼈로 볼 수 있을까?"라며 진화론을 비판했다.

아이는 그날 저녁까지 불만이 가득했다. 자신이 알고 있는 과학 지식이 부정당하는 것이 너무 답답했다고 한다. 선생님께 쉽게 반박할 수 없는 분위기였기에 더욱 그러했을 것이다. 교사는 다양한 입장과 해석을 소개하며 생각할 기회를 주지 않았다. 본인이 생각하는 종교적 진리를 기준으로 지식을 전달했고, 아이는 강요처럼 느꼈다. 심각한 고민이 들었다.

하지만 정말 심각한 일은 다음 날 일어났다.

"선생님이 인권 얘기하다가 에이즈는 게이들이 걸리는 건데, 에이즈 걸린 사람의 병원비를 국민 세금으로 도와주는 건 아니라고 하셨어. 게이가 나쁜 말이야?"

나는 아이와 종종 다양한 정체성을 가진 사람에 대해 이야기한다. 동성애자를 비롯한 성소수자들이 자신의 정체성을 이유로 차별받아서는 안 된다는 이야기도 나눴다. 그런데 처음 듣는 '게이'라는 표현을 사용한 선생님이 부정적으로 말하니, 아이는 혼란스러워 했다. 아이에게 선생님이 성소수자의 인권을 차별

하는 발언을 하신 것은 잘못이라고 이야기해주었다.

아이 이야기를 듣고 답답한 마음에 소셜 미디어에 글을 올렸다. 유사한 경험을 한 이들이 댓글로 사례를 공유해주었다. 초등학교 1학년 아이에게 "착한 일 하면 천국 가고 나쁜 일 하면 지옥 간다"면서, 마음에 들지 않는 행동을 한 아이에게 "○○는 지옥 가겠네"라고 말한 교사도 있었다. 21세기 학교의 풍경이라니, 믿을 수 없었다. 학교란 무엇인가, 근본적인 물음을 던지게 했다.

이 문제를 방관하고 싶지 않았다. 담임 선생님에게 직접 건의해보는 게 좋을지 의견을 묻자 주변의 학부모들은 반대했다. 바뀔 사람이 아니라는 것이 이유였다. 교장, 교감에게 알리는 것에도 부정적이었다. 학교 자정 능력에 대한 불신의 이야기가 들려왔다. 교육청에 신고하는 것에 대해서도 학교만 혼란스러워지고 해결되는 건 아무것도 없을 거라는 회의적인 목소리들뿐이었다.

교육주체로서의 양육자

내가 가장 바란 결과는 교사가 잘못을 인정하고 아이들에게 미안하다고 말하는 것이다. 대기권 물층, 빅뱅론, 진화론에 대한 과도한 비유 등 종교적 지식에 근거한 비과학적 이야기는 차치

하더라도, 에이즈 운운하며 성소수자를 비하한 일은 공개 사과가 필요한 일이다. 초등학생들은 자신의 성정체성과 성적 지향을 분명하게 알지 못할 수 있다. 그런 상황에서 교사의 혐오 발언은 많은 아이들에게 좋지 않은 영향을 미칠 것이다. 어떤 아이에게는 상처와 억압이 될 수 있다. 결과적으로 교사는 '에이즈 걸린 사람은 동성애자'라는 잘못된 정보와 함께 학생들의 인권을 침해했다.

학부모 회장이 교장, 교감과 면담을 요청해 구체적인 학년과 학급은 언급하지 않은 상태에서 문제의 발언을 공개했다. 연수를 통해 교사들의 인권 감수성을 높이겠다는 학교의 약속을 받았다. 그리고 얼마 후, 종교 및 성 평등에 대한 교사 연수를 진행했다는 이야기를 들었다. 그러나 결국, 나는 직접 나서지 못하고 학부모 회장의 권위에 기대어 소극적으로 문제를 제기할 수밖에 없었다. 자칫하면 내 아이가 피해자가 될지 모른다는 두려움, 교사의 학급 운영에 영향을 미쳐 다른 아이들까지 피해를 본다고 다른 부모들에게 비난을 살 수 있다는 걱정 때문이었다. 유난히 개신교 신자가 많은 작은 학교에서 생각이 다른 학부모들과 부딪히는 것을 피하고 싶은 마음도 있었다.

아이에게는 지금까지 진행된 이야기를 전해주었다. 더불어 선생님이 비슷한 이야기를 다시 하면 말해달라고 했다. 잘못된 일에 어른들이 침묵하지 않고 그것을 바꾸기 위해 노력한다는 것을 아이가 알고 있기를 바랐다. 그러나 교사의 그릇된 편견으로 상처받은 아이가 있다면, 누가 지지해주고 힘이 되어줄 수 있을까. 나는 책임 있는 어른이 되지 못한 것 같아 마음 한편이 계속 무거웠다. 내 아이는 지켰지만, 치우친 관점을 그대로 수용했을지 모르는 다른 아이들에게는 손을 내밀지 못했다. 그들이 자라면서 왜곡된 정보와 시각을 바로잡을 기회가 있을 거라 위안하면서 말이다.

아이와 내가 겪은 일은 오늘날 학교의 여러 모습을 보여준다. 성소수자를 비롯한 젠더 이슈가 20세기에 머물러 있는 현실, 교사의 종교 편향성이 아이들의 학습권을 침해하고 인권을 침해하는 상황, 불신으로 가득한 학교와 학부모의 관계까지. 물론, 자기 아이만 피해 입지 않으면 된다는 생각에 다른 아이의 상처는 외면하는 부모들의 모습도 그 안에 담겨 있다.

학부모와 교사, 어떻게 소통할 수 있을까

처음에는 교사의 잘못된 언행에 대응해야겠다는 마음으로 시작했지만, 여러 사람들과 소통하면서 학교에 대한 학부모의 불신이 얼마나 깊은지 알게 되었다. 말해봤자 바뀌지 않을 테니, 내 아이에게 피해가 가지 않도록 '을'의 입장에서 조용히 넘어가자는 학부모들의 반응에 몹시 난감했다. 나 또한 그 말들에 흔들렸고, 조언과 충고를 받아들인다는 핑계로 한 발 물러섰다.

학교라는 공동체를 다시 보게 되었다. 학급이나 교과의 독립성이 강한 학교에서 교사들은 각각 존재하는 섬처럼 보이기도 한다. 학생들과 학부모의 의견은 발화하지 못한 채 사그라지기도 한다. 교육부가 주관하는, 교사에 대한 학생과 학부모의 평가는 형식에 그칠 뿐이다. 아이들도 학부모도 교사의 학급 운영, 수업 운영 방식에 다른 의견이 있지만 말할 수 없다.

그리고 이런 판단에는 늘 아이들의 학습이 먼저이다. 학생들의 인권을 무시하는 태도, 교사의 기준에 따른 차별 행위에 대한 이의제기가 아이의 학교생활을 힘들게 하고, 그로 인해 학습에 지장을 주면 안 되니까 침묵하고 만다. 아이들이 선생님에게 적응하듯 학부모들도 일 년의 시간이 어서 가기를 기다리며 그냥 견딘다.

이 글을 쓰는 중에도 사람들에게 적지 않은 충고를 들었다. 이미 아이와 나는 공익 제보자가 되었고, 교사가 어떤 형태로든 그 사실을 알게 되었을 때 아이가 힘들어질 수 있다는 것이다. 학급 전체가 힘들어지면 지금은 나와 의견을 함께하는 듯한 학부모들도 나에게 책임을 떠넘길 수 있다는 걱정스러운 내용이었다. 그 누구도 믿을 수 없다는 조언을 들으니, 학교와 소통해서 잘못된 일을 바로잡아보겠다는 처음의 바람은 허망한 꿈처럼 보였다.

이런 관점은 결국, 아이가 겪는 문제 앞에서도 '앞으로 사회생활을 하면 더 심한 일도 많으니 참고 견디는 것도 배울 필요가 있다'는 태도로 이어진다. 아이의 힘든 학교생활을 외면하거나 다독여서 넘긴다. 물론, 신뢰와 존경의 마음이 우러나오는 교사도 있지만 이번 일과 같은 심각한 문제가 있을 때, 학부모는 학교와 교사를 믿고 변화를 만들어낼 주체로서 준비되어 있는가? 스스로에게 그리고 학교 제도에 질문해본다.

작은 변화를 위한 용기

학교에서 학부모의 역할은 급식 모니터링, 도서실 봉사 등과 학부모 교육 참가가 전부이다. 학교와 소통하기 위해 학교운영위원회와 학부모회가 있지만 대부분 형식적이거나 학교 행사를 돕는 역할 이상을 하기는 어려워 보인다. 학부모는 학교 행사와 운영에 적지 않은 횟수로 참여하지만 자기 목소리를 낼 기회는 없다. 흔히 교사, 학생, 학부모를 교육 3주체라고 하지만 그 안에 정말 학부모의 자리가 있는 걸까?

학교라는 공동체에서 교육주체들이 어떻게 소통할 수 있을지 고민을 이어가던 즈음, 지방의 작은 마을에서 교육공동체를 일궈가는 선배의 소식을 접했다. 학생 수가 적어 폐교 위기에 있던 학교를 지역 공동체가 살린 것은 몇 년 전 이야기이다.

이번에는 '교원-학부모 연석회의'를 개최하여 한 해 동안의 교육과정을 토론하고 협력 방안을 마련한다는 소식이 들려온다. 향후 그 자리에 학생들까지 참여할 계획이라고 하니 교육 3주체의 '주체적 역할'이 무엇인지 살펴볼 수 있겠다. 이런 소통이 가능하기 위해서는 입시를 벗어난 접근이 필요하다. 부모 또한 내 아이의 학습만이 아니라, 아이들 모두가 건강한 시민으로서 성장하는 것을 도우려는 태도가 요구된다.

학급, 교과 운영에 대한 문제 제기를 넘어 학교가 지향하는 교육의 가치와 그것을 실현하기 위한 방법을 학부모도 함께 이야기할 수 있을까? 그렇다면 교사가 자신의 종교적 신념을 드러내어 학생들의 인권과 학습권을 침해하는 일은 애초에 발생하지 않을지도 모른다. 혹 그런 문제가 발생해도, 전체 학생들에게 손을 내밀어 올바른 정보를 담은 인권 교육을 제공해줄 수 있을 것이다.

학교의 이상적인 모습은 누구나 말하고 동의할 수 있다. 그러나 학교 현실을 몇 년 겪어보니 그 이상을 실현하는 일이 얼마나 어려운 일인지 알게 되었다. 학교는 안전만을 중시하며 학부모의 문제 제기나 새로운 제안을 부담스러워한다. 그럴수록 학부모는 학교를 신뢰하지 못한다. 어쩌면 학교 공동체, 주체들의 신뢰 회복을 위해서는 이 사회가 바뀌는 만큼의 큰 변화가 필요할지 모른다. 결국, 지금 내가 발 딛고 있는 현실에서 작은 변화부터 만드는 게 내가 할 수 있는 일이다.

최근 아이는 학교가 일방적으로 규칙을 전달한 것에 불만이 가득하다. '아침에 일찍 등교하여 운동장에서 놀면 안 된다' '자전거를 타고 등교하면 안 된다' 같은 규칙이 왜 필요한지 설명이나 토론 없이 아이들에게 일방적으로 통보했다. 이런 학교에 어떻게 의견을 낼 수 있을지, 아이와 어떤 대화를 나누면 좋을지 고민이 된다. 당장 변화를 기대할 수는 없을지라도 학교에 교육적 과정을 통해서 학생들과 함께 규칙을 정해달라고 요청해보려 한다. 학교가 학습과 평가의 공간만은 아니기에 작은 변화를 위해 용기를 내어볼 생각이다.

(vol. 124, 2019. 7-8)

교육 3주체 다시 보기

학부모는 교육주체일까?

"(선생님이 알아서) 잘 가르쳐주세요" 하며 자식을 밀어넣듯 전적으로 학교에 맡기던 부모의 모습은 오래전 이야기다. 학교 안에서 부모의 역할은 변하고 있다. 교육의 주체를 교육자로 보고, 학생을 교육의 객체로 여기던 70~80년대만 해도 그 논의 안에 부모의 자리는 없었다. 1995년 「5.31 교육개혁안」에서 제시된 '학교운영위원회 제도' 신설은 학부모가 공식적으로 학교 운영

장희숙 _《민들레》 편집장. 책 만드는 틈틈이 청소년들과 글쓰기 수업을 하고 동네 입양원에서 아기들을 돌본다. 『재난의 시대, 교육의 방향을 묻다』 『'어른아이'를 만드는 사회』 같은 책을 함께 썼다.

에 참여하는 길을 열었다. 2007년 개정한 「교육기본법」으로 학부모(보호자)는 학교 운영에 의견을 제시할 권리를 갖게 되었고[1], 2000년대 이후 각 시·도 교육청 조례에 학부모회 설치, 운영 조항이 생기면서 학부모가 학교교육의 협력자이자 참여자로 활동할 기반이 만들어졌다. 이런 과정을 거쳐 학교의 중요한 구성원이 된 학부모는 이제 교사, 학생과 함께 교육 3주체라 불린다(지역사회까지 포함해 '교육 4주체'라고도 한다).

새 학기를 앞두고 한 중학교에 강의를 하러 갔을 때다. 긴장한 채 귀를 쫑긋하고 있는 신입생 학부모들에게 물었다. "학부모는 교육의 주체인가요?" 예상치 못한 질문을 만난 참여자들 얼굴에 고민의 기색이 역력했다. 짧은 침묵을 뚫고 한 보호자가 답했다. "그…렇죠? 아이를 학교에 보내고, 선생님하고 같이 교육을 의논하는 입장이니까 교육주체가 맞죠." 곰곰 생각하던 또 다른 보호자는 이렇게 답했다. "학부모는 교육주체가 아닌 거 같습니다. 학교에서는 선생님하고 애들이 주인공이죠. 학부모는 조력자 정도이지, 주체라고 할 수는 없을 거 같은데요." 주체란 '사물의 작용이나 어떤 행동의 주가 되는 것'이라는 사전적 개념에 충실한 답이었다.

---

[1] "보호자는 보호하는 자녀 또는 아동의 교육에 관하여 학교에 의견을 제시할 수 있으며, 학교는 그 의견을 존중하여야 한다"(제13조)는 조항이 신설되었다.

'교육주체로서 학부모의 역할'을 논하는 자리에서 새삼 개념을 따지고 든 것은 명료하게 규정되지 않은 의미를 되새김으로써 부모가 학부모로서의 정체성을 인식하고 그에 맞는 역할을 고민했으면 해서다. 오늘날 학부모 민원이 빗발치고 교권이 추락한 사태의 원인이 '교육주체'라는 용어의 오남용에 있다고 지적하는 의견이 있다. 한 초등학교 교사는 교사, 학생, 학부모를 교육주체가 아니라 학교구성원 또는 교육공동체라고 부르는 것이 합당하다고 주장한다.

> "학교교육이 효과적으로 이루어지기 위해서는 가정과의 연계가 필수이지만 (…) 교육과정을 수립하는 것도, 교육을 직접 실행하는 것도 그 주체는 교사다. 언어는 사고를 지배한다. 교육부가 학생과 학부모가 학교교육의 주체가 아닌데도 계속 주체라고 명명하며 소통과 참여를 강조하는 것은 학생과 학부모의 월권을 부추기는 행위라는 점을 명확히 인식해야 한다." _ 하민영 '교육의 3주체? 다시 생각 필요', 《교육언론 창》, 2024.05.21

'학부모는 교육주체인가' 하는 질문을 던지기 전에 학부모의 정체성부터 살펴보면 '부모'와 '학부모'는 엄연히 다른 존재다. 교육 3주체에 포함된 '학부모'는 가정에서 한 아이를 양육하는 부모를 넘어, 학교라는 공간에서 자기 아이를 포함해 여러 아이들의 교육이 잘 이루어지도록 협력하는 '공적' 존재로서의 부모를 말한다. 최근 불거진 이른바 '학부모 민원' 사태는 자신이 '공적 부모'라는 걸 알지 못한 채 '내 아이의 부모'로만 머무르는 데서 그 문제가 시작된다.

'함께 만들어가는 학교'의 이면

등교 지도, 급식 지도, 대청소 등 단편적이던 학부모의 역할이 최근에는 학교도서관 활동을 비롯해 학부모 강사, 급식 모니터링, 방과후 수업 모니터링, 각종 위원회 활동, 지역축제와 교육행사 기획까지 그 범위가 넓어지고 있다. 교문을 드나들기만 해도 치맛바람 운운하던 시절보다는 학교 문턱이 낮아졌지만 여전히 공교육에서는 학부모가 참여할 수 있는 일과 없는 일의 구분이 확실한 편이다. 교사 입장에서 교육은 전문영역이고 그 고유한 권한 또한 교사에게 있으므로 학부모가 과도하게 개입하는 건 부담스럽다. 학부모를 학생과 더불어 '교육해야 하는 대상'으로 보고 있는 것도 사실이다. 학부모가 바뀌어야 아이가 바뀐다는 취지로 학부모 교육 등을 강조하는 데는 그런 시선이 반영되어 있다.

부모 참여가 훨씬 적극적인 대안학교의 경우 그 경계가 모호해 갈등을 빚는 경우가 종종 있다. 애초에 학부모들이 나서서 만든 학교가 많은 것도 갈등의 한 요인이다. '함께 만들어가는 학교'라는 말은 학부모가 어디까지 교육에 개입할 수 있는가 하는 문제로 이어진다. 행사 등에 참여하면서 학교가 요청하는 일을 돕는 정도가 학부모의 역할이라고 생각하는 이가 있는가 하면, 설립 초기 때 그랬던 것처럼 학교에서 일어나는 모든 일에 대한 결정권을 나누어 갖는 것을 학부모의 역할로 생각하는 이도 있다. 교사들의 역량이 부족해 보일 때 학부모가 나서서 필요한 과목을 개설하거나 아는 인맥을 끌어와 교육과정의 빈틈을 채우는 일까지 학교를 '함께 만드는' 학부모의 역할이라고 생각하기도 한다.

교사의 자격이 비교적 유연한 대안학교에서는 교육에 참여하던 부모가 교사가 되기도 한다. 처음부터 부모이면서 교사인 이도 많다. 2018년, 쌍둥이 자매의 아버지가 근무하던 학교에서 일어난 시험지 유출 사건 이후 교사와 자녀를 한 학교에 다니지 못하게 하는 법안이 통과되었지만, 대안교육에서는 부모와 자녀가 교사, 학생으로 만나는 경우가 여전히 드물지 않다. 오히려 부모이기 때문에 자기 자식 문제에 더 적극적으로 개입하지 못하는 교사의 모습도 볼 수 있다. 3년 동안 아이와 같은 학교에 있던 동료 교사가 아이의 졸업식 날 "이제 숨 쉬고 살겠다"고 말해서 깜짝 놀랐다. 3년 동안 냉정하리만큼 자신의 아이에게 신경 쓰지 않는 모습을 보였기 때문이다. 그는 "아이들 백 명이 있어도 내 새끼만 눈에 보이는 게 부모의 마음"이라고 솔직한 마음을 털어놓았다. 교사와 부모의 역할은 분명 다를진대, 공적 공간에서 부모를 교사로서 만나야 하는 아이는 어떨까 하는 고민도 해보게 된다.

대안학교들은 교육 3주체의 역할과 권리가 현실적으로 어디까지인지 여전히 갈등하며 그 길을 찾아가고 있다. 부모들이 내놓는 의견을 다 수용할 수는 없어 어느 정도에서 선을 그으면 이내 학부모들 사이에선 불만 섞인 소리가 들려온다. "함께 만드는 학교 아닌가요?" "교사회가 왜 이렇게 폐쇄적이죠?" "힘든 일 뒤치다꺼리만 하는 게 부모 역할인가요?" 최근엔 '교육주체로서의 권리'에 '소비자의 권리'까지 더해져서 더욱 학교의 세부 교육 내용에 관여하려는 부모들이 많아지고 있다고, 현장교사들은 역할 분담, 혹은 권력 투쟁의 어려움을 토로한다.

좋은 부모, 좋은 학부모

'함께' '서로'라는 말로 뭉뚱그려져 있긴 하지만, 사실 교육 3주체의 역할이 동등할 수는 없다. 학부모의 자리는 더욱 명료히 찾기가 어렵다. 학교라는 공간이 교사와 학생을 중심으로 생겨났다는 태생부터 그렇다. 세 주체를 포함한다 하더라도 배우는 자로서의 입장이 가장 확실하게 규정되어 있는 것은 학생이며,

교사와 부모는 주로 학생을 '가르치는 입장'에 선다. 하지만 학부모와 교사가 '배우는 자'로서의 정체성을 얼마나 가지고 있는지에 따라 그들의 협력은 시너지를 내기도 하고 갈등을 빚기도 한다.

이십대 중반, 워낙 백지 상태로 시작한 교사 생활이라 배울 것투성이였던 나를 자극하고 성장시킨 것은 아이들과 동료 교사들, 그리고 부족한 햇병아리 선생을 믿고 지지해준 학부모들이었다. 날마다 '더 잘하고 싶다' '더 알고 싶다'는 열망으로 가득했던 그 시절을 돌아보면 월급을 받을 게 아니라 학비를 내야 했던 게 아닐까 싶을 만큼 스스로 큰 성장을 이룬 시간들이었다. 아이들이 세상에 온 이유는 '부모를 사람 만들기 위해서'라고 하는데, 그것은 교사에게도 마찬가지일 것이다. 아이들을 통해 성장하면서 아이들을 가르치기 위해 끊임없이 배우는 것이 교사와 학부모가 지닌 숙명이다. 교육주체로서의 권리를 주장하기에 앞서 교육주체로서의 태도를 성찰하는 것이 먼저다.

대안학교, 혁신학교를 비롯한 많은 학교들이 '주체성'을 교육의 목표로 내세운다. 그러나 아무리 강조해도 부족함 없을 것 같은 '주체성'에는 위험요소가 숨어 있다. 주체성은 타자성과 함께 작동한다는 점이다. 인간은 '나'를 기준으로 '나와 다른' 혹은 '다수와 다른' 것들을 구분해내기 시작하는데, 이 주체성이 너무 강하거나 집단화되면 다른 존재를 위협하기도 한다. '나와 다른 생각'을 옳지 않은 것, 비정상적인 것으로 여기게 되기 때문이다. 인종차별, 성차별, 장애차별 또한 강한 주체성으로 인해 정상, 비정상을 구분 짓는 태도에서 비롯된다.

이런 이유로 문학비평가 황현산은 주체성을 강조하는 교육의 위험성을 우려하기도 했다.[2] '나는 이런 사람이다' '나는 이런 의견을 갖고 있다'는 생각이 '남들과 다르다' '저런 사람과 나는 같을 수 없다'는 우월의식으로 작용하며 차별과 불평등을 합리화한다는 것이다. '나서는 것'만이 주체적인 건 아니다('나대기'와 '나서기'는 한 끗 차이인 경우도 많다). 성숙한 주체성을 가진 개인은 자기를 고집하는 것이 아니라 때로 굽히고 물러서기도 하면서 유연하고 넓은 경계를 통해 자유로운 자아를 만들어간다. 이를 기준으로 '성숙한 교육주체로서의 학부모 역할'을 다시 생각해보면 많은 행동이 달라질 것이다.

한 인간의 주체성이 제대로 형성되지 못했을 때의 문제도 큰데, 그중 하나는 '공허감'이다. 스스로 채우지 못한 결핍을 주변 사람에게서 보상받으려 할 때, 그것은 왜곡되고 변질된 욕망으로 나타난다. 자신의 삶에 만족하지 못하는 부모가 '교육'이라는 명목으로 자식에게 욕망을 투사하거나, 자신이 살고 싶었던 삶

---

[2] 황현산, '주체적 교육은 어떻게 아이들을 억압하는가, 『교사 인문학』(황현산 외 지음), 세종서적, 2017.

을 자식에게 강요하게 되는 경우가 그렇다.

   그런 면에서 교육은 또한 희망이기도 하다. 유치원이나 학교 등 아이가 교육기관에 소속되는 것은 가족의 영향에서 벗어나 공식적인 사회생활을 시작한다는 의미이다. 가정보다 큰 사회에서 부모 말고도 좋은 어른, 좋은 사람들을 많이 만나는 것만큼 아이의 성장에 좋은 거름은 없다. 스스로 완벽한 부모가 되려 하기보다 자신에게 부족한 역할을 대신해줄 수 있는 사람들을 만나게 해주는 것, 다른 아이에게도 그런 어른의 역할을 하는 것이 교육주체로서 '학부모'의 역할일 것이다.

(vol. 120, 2018. 11-12)

2부
아이들의 성장을 돕는
학부모 되기

학부모, 모든 아이들의 부모

학부모들의 요청을 거절한 담임 선생님

아이가 초등 저학년 때의 일이다. 매일 숙제를 내주고 쪽지시험을 자주 보며 아이들을 결과로 평가하는 담임 선생님이 마뜩지 않았다. 그저 과정을 더 살펴봐주고 아이들의 보이지 않는 노력을 치하해주었으면 하는 바람이 있었다. 하지만 선생님 나름의 철학이 있을 텐데 부분을 보고 전체를 평가할 수는 없기에 숨 한번 길게 들이쉬며 삼켜버렸다.

조순진 _ 두 아이의 엄마이자 학부모. 교육업에 종사하고 있다.

그러던 어느 날, 아이 반의 학부모들이 모인 '단톡방'에 이런 글이 올라왔다.

"(학급) 대표 어머님, 우리 담임은 왜 애들 사진을 안 올려줘요? 건의 좀 해주세요."

"그러게요. 다른 반은 활동 사진이 많더라고요."

기다렸다는 듯 동조의 말들이 이어졌고, 건의해보겠다는 대표의 대답으로 일단락되었다.

여느 때 같으면 그런가보다 하고 한 귀로 흘렸을 터인데, 이 대화는 그냥 넘기기가 어려웠다. 미간에 주름을 세우며 다시 읽어봐도 도무지 이상했다. 담임 선생님이 왜 일일이 아이들 사진을 올려줘야 하는 건지, 그리고 그것이 왜 당연히 건의할 일인지. 아이들을 보육하는 어린이집도, 보육과 교육의 선에 걸쳐 있는 유치원도 아니고 학교인데, 왜 아이들이 무사히 잘 학습하고 있다는 사진이 필요할까 싶었다.

그것은 불안일까, 사랑일까. 아이가 학교에서 잘 지내는지 확인이 필요한 거라면, 그 확인이라는 것이 사진 한 장으로 가능할까? 그런 것이 부모들에게 위안이 된다는 사실이 안타까웠지만 또 한편으론 나라고 뭐가 다를까 싶었다. 굳이 대놓고 바라지는 않지만, 내 아이 사진이 올라오면 반갑고 다른 가족에게 보여주고 싶은 마음이 왜 없겠는가. 하지만 그럴수록 티 내지 말자고 다짐한다. 소중히 지켜야 할 것은 외려 들추지 말고 흙에 씨앗

심듯이 꼭꼭 토닥이며 눌러주어야 한다고.

대표 학부모가 건의를 했겠지만, 선생님은 그 후로도 아이들 사진을 올려주시지 않았다. 나는 선생님의 그 강단에 믿음이 생겼다. '적어도 우리 담임 선생님은 학부모의 말에 일희일비하지 않는 분이구나.'

아이를 양육할 때는 부모로서의 믿음이 중요한 것처럼, 학부모가 되어 겪는 학교생활 또한 그 시작은 아이에 대한 믿음이다. 바로바로 올라오는 사진 같은 '확인'이 주는 작은 위안을 핑계 삼아 큰 믿음을 놓치지 않으려 한다. 내 아이는 내가 믿고 사랑할 뿐, 타인의 시선과 관심을 구걸하지 말자. 눈과 귀를 바짝 대고 최선을 다해 지원해주는 것보다 조금 덜 보고 흘려 들으며 덤덤하게 믿어주는 마음이 아이에겐 좋은 거름이 된다는 것을 기억하자. 조금 울퉁불퉁해도 부드럽게 쓰다듬어주면 그뿐이다.

완벽하지 않아도 괜찮아

아이의 담임 선생님과 통화를 하던 중 이런 말씀을 하셨다. 수업 중에 한 명씩 나와서 발표하는 시간이 있었는데 아이가 제 차례가 되자 앞으로 나와서 이렇게 말했다고 한다.

"선생님, 저는 안 하면 안 돼요?"
"왜? 하기 싫어?"

"그건 아니고요. 제가 전학 온 지 얼마 안 돼서 쑥스러워서요. 다음 시간엔 해볼게요."

모든 아이들이 제 차례가 되면 발표를 하는 수업이니 노파심에 하신 말씀일 수도 있겠고, 요즘은 발표를 중요시하는 부모들이 많으니 궁금해할까봐 먼저 언급하셨을 수도 있겠다 싶었다. 나는 선생님께 다행이라고 말씀드렸다. 아이가 그런 말을 하다니 용기가 가상하다고, 교실 분위기가 편해서 자유로이 의견을 낼 수 있었던 것 같다고 감사함을 전했다. 늦은 밤, 남편과 이야기를 하며 생각이 같음을 확인하고 마음을 놓았다.

"그렇지? 온이는 이미 발표를 한 거야. 선생님과 친구들 앞에서 자신의 생각을 표현했으니까. 정해져 있는 대로 해야만 발표인 건 아니니까. 혹시 무안할 수도 있는 상황을 예상하면서 용기를 내서 자기 생각을 표현할 수 있었으니까 마음이 한결 가벼워졌겠지."

아이는 스스로 생각을 했고, 망설이다 용기를 내어 자신의 감정을 전했을 테다. 언제까지나 전학생이지는 않을 테니 그 이유는 곧 의미를 잃겠지만, 그때의 감정과 감정이 전해지고 받아들여지던 순간은 아이의 기억에 오래 머물 것이다. 스스로 다른 것을 결정할 때는 크고 작은 책임이 따른다. 그 책임을 오롯이 감당하며 아이는 단단해지고 성장한다.

학교에서 품었던 긴장을 가방과 함께 내려놓고 마음을 이완

시키는 아이의 표정은 밝고 거침이 없다. 학교에선 말하기 전에 예상과 고민을 한 뒤에 표현했다면, 집에선 한 단계가 줄어 더 자유로운 표정과 말이 나오는 것이다. 실수해도 괜찮은 가족들 앞이니까. 모자람이 있어도 지적하지 않는 가족이기에, 되려 부족함을 채워주는 공간이기에 문을 열고 들어서면 노곤해진다. 집, 우리 집에 왔다!

"엄마, 비밀 하나 말해줄까? 나는 목소리가 두 개야! 학교에선 지금보다 목소리가 낮아. 생각을 해서 차분하게 말하거든. 저번에 창의 크리에이터 수업에서 '자기만의 영상 찍어서 편집해오기' 숙제가 있었잖아. 내 영상을 보고 친구들이 '네 목소리가 아닌 것 같아'라고 하는 거야. 아, 그러고 보니 두 개가 아니네. 세 개야! 영상 찍을 땐 또 다른 목소리로 말하니까."

"사람은 누구나 그래. 안 그런 사람도 있을까?"

"정말?"

"응. 정말 편한 사람에게는 가끔 볼멘소리로 투덜대기도 하잖아. 낯선 사람한테 그런 목소리를 내진 않으니까. 어른도 마찬가지야. 회사에서 예의 바르게 인사하는 목소리를 집에 와서도 똑같이 내는 사람은 거의 없을걸? 그렇지만 그게 나쁜 건 아니야. 왜냐면 우리는 아니까. 시시콜콜한 마음들을 공 튀기듯 주고받으며 놀 수 있으니 편한 거 아닐까. 많은 관계 속에서 다양한 목소리를 내는 건 생각과 마음이 살아 움직인다는 거야. 꼭 같은 목소리로 하나의 너만 표현해야 되는 건 아니니까, 괜찮아."

아마도 "왜? 왜 목소리가 두 갠데?"라고 묻거나 "학교랑 집에서 다르게 행동하면 안 되지"라며 지적을 했다면 아이는 불안해했을지도 모르겠다. 나도 그랬다. 내가 주체가 되는 곳에선 목소리에 힘이 들어가다가도 겉도는 듯한 느낌이 들 땐 바람 빠진 풍선처럼 피식거렸다. 집에선 엄마 말을 귓등으로 흘려 듣고 답하면서도 학교에선 친구의 마음을 공감하며 이야기를 끝도 없이 이어갔다. 여기선 의기양양, 저기선 의기소침, 어떤 게 진짜 나일까? 누구나 그런 거니까, 아이에게도 그게 당연한 거라고 안심시켜주었다.

이미 몇 군데 치과에서 아이의 틀어진 앞니를 교정해야 한다는 소견을 들었던 참이었다. 아이의 과잉치 수술을 해주신 대학병원 교수님께 알맞은 교정 시기를 여쭈어보았더니 그러셨다.

"꼭 완벽해야 하나요. 완벽하지 않아도 문제가 없어요. 나올 이가 아직 남았으니 배열이 바뀔 수도 있고, 또 바뀌지 않아도 큰 문제 있나요? 교정이야 개인 취향일 뿐입니다. 앞니는 내가 보는 게 아니고 남들이 보는 건데, 보여지는 모습이 신경 쓰인다면 나중에 교정해도 됩니다. 연예인 할 거면 하는 게 좋고…. 허허, 사실은 부모님들이 시키고 싶어 하는 것 같은데요."

"맞아요. 교수님. 아이는 관심도 없는데 엄마가 극성이죠."

"천천히 더 지켜봅시다. 괜찮아요."

구강이 헐어 병원을 찾았을 때도 아이를 보고 웃으며 말씀하셨다.

"괜찮아. 더 크면 한결 나아져. 네 잘못이 아니야."

그 말씀이 큰 위로가 되었다. 부모로서 어깨에 가득 짊어진 걱정과 애정을 조금은 덜고 내려놓아도 괜찮다는 말씀으로 와닿았다. 완벽하게 케어하는 것이 사랑은 아니라는 것. 어쩌면 우리는 문제가 없는 아이에게 문제를 찾아내어 보완하려고 안달인 게 아닐까. 부모로서, 학부모로서 아이의 빈틈을 메워주려 동분서주하는 대신 아이의 강점을 바라보려 한다. 부족한 점이 보이면 이렇게 말해줘야지. 완벽하지 않아도 괜찮다고.

다른 아이 함께 살피기

부모가 되고 보니, 내 아이에 대한 애틋한 마음이 다른 아이들에게도 생겨난다. 길을 가다가 혼자 걸어가는 아이를 보면 나도 모르게 살피게 된다. 구겨진 옷깃을 바로 펴주고, 책가방 뒤로 말려 올라간 상의를 탁탁 펴서 내려주고 싶다. 꼬여 있는 가방 어깨끈을 바르게 풀어주고 미처 야무지게 닫지 못한 지퍼를 끝까지 채워주고 싶다. 하교 후의 지친 표정이 환하게 밝아지도록 맛있는 간식을 주고, 우적우적 급히 먹지 말라고 말도 걸어주고 싶다.

"운동화 끈이 풀렸는데 아줌마가 도와줄까?"

"이렇게 추운 날, 자전거 타는 거 괜찮니?"

낯선 아이에게 말을 걸 때마다 우리 집 아이들은 내게 핀잔을 준다.

"아, 엄마. 모르는 애한테 말 좀 걸지 마."

아이들의 볼멘소리를 들으면서도 나는 다른 아이들에게 눈길이 가는 이 버릇을 고치지 못한다. 어른들이 지나는 바쁜 길목에 아이들이 있다면 숨을 고르듯 아이들을 살펴주었으면 좋겠다. 세상 모든 아이들에게 찰나의 기쁨이 번지고 색색의 하루가 모여 봄 같은 유년의 기억으로 남았으면 좋겠다.

(vol. 150, 2023. 11-12)

학부모님께 드리는 담임의 편지

그럴 때마다 질문을 던지게 됩니다

28년 차 현직 교사로 교실에서 요즘 아이들을 만나다보면, 걱정이 앞서는 순간이 많습니다. 예전에 비해 수업 시간에 집중하지 못하거나 작은 어려움에도 쉽게 포기하는 모습을 자주 보게 됩니다. 수업 방법을 바꾸고 활동을 다양화하면서 흥미를 불러일으키려 여러 시도를 하지만 결국 아이의 태도와 생활 습관이 받쳐주지 않으면 한계에 부딪힙니다. 교사로서 아무리 노력해

차승민 _ 거창 창남초등학교 교사. 『선생님 사용 설명서』『학생 사용 설명서』『초등부모교실』『열두 살 나의 첫 사춘기』『이토록 영화로운 수업』같은 책을 썼다.

도 가정에서 길러져야 할 기본이 부족할 때 교육 효과는 반감될 수밖에 없습니다. 그럴 때마다 질문을 던지게 됩니다. '이 아이는 집에서 어떤 교육을 받고 있을까?'

요즘 부모님들을 만나보면 특정한 경향을 보이는 분들이 있습니다. 우선, 자녀교육에 지나치게 큰 관심을 쏟으며 많은 비용을 투자하는 부모들입니다. 영어, 수학, 코딩, 예체능 등 아이가 시간을 쪼개야 할 만큼 여러 학원에 등록시키고, 각종 체험활동도 빠짐없이 참여시킵니다. 그러면서도 학교생활에 꼭 필요한 인사하기, '미안해' '고마워' 말하기, 수업이 시작되면 자리에 앉기, 책상과 사물함 정리하기 등 지켜야 할 기본은 놓치고, 하지 않아야 할 일에 집착하는 경우가 많습니다. 아이는 지쳐 있고, 부모는 조급합니다. 학교와 교사에게 불만이 많은 것도 이 부류의 부모들에서 흔히 나타나는 특징입니다.

또 한 부류는 자녀를 방임하다시피 하는 부모들입니다. 학교 외에 몇몇 학원을 보내면서 그것이 교육의 전부라고 생각합니다. 아이와 대화하거나 아이의 생활을 챙기려는 노력은 거의 없습니다. 평소에는 학교와 교사에 무관심하다가, 막상 문제가 터지면 학교 탓을 하며 악성 민원을 제기하기도 합니다.

물론 부모님들마다 사정과 여건은 다릅니다. 그러나 교사로서 확실히 말씀드릴 수 있는 것은, 자녀교육은 거창한 것이 아니라 기본을 지키는 것에서 시작한다는 점입니다. 부모님이 조금만 시선을 돌리면 충분히 실천할 수 있는 방법이 있습니다. 교실에서 아이들을 지켜본 경험을 토대로, 부모가 꼭 실천해야 할 다섯 가지와 하지 말아야 할 다섯 가지를 말씀드리고자 합니다.

부모님들이 꼭 해주셨으면 하는 다섯 가지

가장 먼저 '규칙적인 생활 습관 들이기'를 부탁드리고 싶습니다. 규칙적인 생활 리듬은 모든 일의 기본이 됩니다. 먹고 자고 움직이는 데 규칙성이 있어야 아이가 학교생활에도 집중할 수 있습니다. 예를 들어 학교에서 꾸벅꾸벅 졸지 않고, 급식 시간에 음식을 잘 먹고, 자기 물건을 스스로 챙기며, 시간 약속을 지킬 수 있다면 기본은 갖춘 것입니다. 요즘 아이들은 학원 공부와 휴대폰 사용에 많은 시간을 빼앗기고, 정작 학교에서는 지쳐 있습니다. 생활 습관이 바로 잡혀 있어야 수업 참여도 가능하고 스스로 생활을 꾸려갈 수 있습니다.

두 번째로 아이의 학교생활 존중하기를 부탁드리고 싶습니다. 학교보다 학원을 우선시하는 부모님의 태도는 아이에게 잘못된 신호를 줍니다. 실제로 학부모 상담 중에 "아이가 학원 가야 하니 청소를 빼달라"거나 "학교에서 학원 숙제를 하게 해달라"는 요구를 받은 적도 있습니다. 이런 태도가 아이에게 전달되면, 아이는 교사와 학교를 대수롭지 않게 여기게 됩니다. 반대로, 학교생활을 존중하는 부모 밑에서 자란 아이는 학원도 성실히 임합니다. 기준을 학교에 두고, 학원은 보조 역할을 하는 것이 바람직합니다.

아이와 함께 뉴스나 영상, 책을 함께 보는 것도 꼭 권하고 싶습니다. 책과 뉴스는 세상을 보는 눈을 넓혀줍니다. 부모가 먼저 읽고 보는 습관을 가지면, 아이도 자연스럽게 따라옵니다. 특히 초등학교 고학년부터는 뉴스를 보는 습관이 필요합니다. 아이 혼자 뉴스의 맥락을 이해하기는 어렵습니다. 가짜뉴스나 자극적인 뉴스에 잘못 길들여지는 경우도 많습니다. 부모가 뉴스를 함께 보면서 설명해주고 질문도 받아주고 토론도 하면 학습 효과가 큽니다. 처음에는 아이들이 가볍게 흥미를 가질 수 있는 연예 뉴스나 스포츠 뉴스부터 시작해도 좋습니다. 이는 자연스럽게 사회, 역사, 경제에 대한 관심으로 확장됩니다. 돈 한 푼 들이지 않고도 사회 공부를 하는 셈입니다.

그리고 시간날 때마다 아이와 '동네 탐방'을 해주세요. 체험 학습을 한다고 굳이 멀리 갈 필요가 없습니다. 아이 손을 잡고 동네를 함께 걸으며 가게 간판을 보고, 공원 변화를 관찰하고, 표지판이나 건물의 의미에 대해 이야기해보세요. 단순한 산책 같지만 다양한 학습의 장이 될 뿐 아니라 작은 경험 속에서 아이는 세상을 이해하는 힘을 키웁니다.

마지막으로 '하루 돌아보기'를 주제로 자연스럽게 대화를 나누시길 권합니다. 일기 쓰기처럼 거창한 것이 아니어도 좋습니다. 저녁 식사를 하면서 혹은 간단한 다과를 나누면서 오늘 있었던 일, 즐거웠던 순간, 힘들었던 순간을 나누는 것만으로 충분합니다. 부모의 관심과 공감은 아이에게 큰 힘이 됩니다. 아이는 그런 대화를 통해 하루를 정리하고, 부모는 아이의 마음을 이해할 수 있습니다.

부모님들이 하시지 말아야 할 다섯 가지

가장 먼저 '학교를 가볍게 여기는 태도'에 대해 말씀드리고 싶습니다. 앞서 말씀드렸듯이 '공부는 학원에서 하면 된다'는 생각은 아이의 학교생활에 치명적인 영향을 줍니다. 교사를 가볍게 여기고, 수업에도 대충 참여하게 됩니다. 학교가 공부의 중심이라는 인식을 심어주지 않으면 아이의 학습 태도는 쉽게 무너집니다. 뿐만 아니라 학교 공부에 집중하지 못하는 마음은 교우 관계에도 영향을 미칩니다.

'아이 의사를 무시하고 학원을 강요하는 일'도 멈추어주세요. 특히 6학년 아이들에게 물어보면 학원에 다니는 이유가 '부모님이 시켜서'라고 대답하는 경우가 많습니다. 동기 없는 학습은 고통입니다. 억지로 다니는 학원은 공부에 대한 거부감만 키우고, 이는 다시 학교 공부까지 거부하는 결과로 이어집니다.

성적 보상으로 용돈이나 상품을 주는 것도 아이들에게 좋지 않습니다. 시험 성적에 따라 용돈이나 상품을 주면 처음에는 효과가 있는 듯 보이지만, 이렇게 길들여진 아이들은 점점 보상이 없으면 아무것도 하지 않게 됩니다. 실제로 교실에서 보면, 교사가 간단한 부탁을 해도 "사탕 안 주면 안 해요"라고 말하는 아이들이 있습니다. '보상도 없는데 왜 해?'라는 태도는 아이의 주체성과 공동체 생활을 무너뜨립니다.

'과시성 체험학습과 여행' 또한 교육적이지 않습니다. 비싼 전시회, 해외 연수, 특별 프로그램 등은 겉보기에 훌륭합니다. 그러나 아이가 흥미나 참여 의지 없이 끌려다니기만 하다가 배움은 남지 않고 피로감만 쌓이는 경우를 자주 봅니다. 부모는 '아이에게 큰 투자를 했다'는 자기위안을 얻을지 몰라도, 아이의 기억에는 '끌려다닌 경험'만 남게 됩니다.

그리고 아이들에게 '비교와 잦은 잔소리'를 멈춰주세요. "너는 왜 ○○처럼 못하니?", "옆집 아이는 학원 몇 개 다닌다더라" 같은 말은 아이의 자존감에 깊은 상처를 줍니다. 비교는 자발적 동기를 꺾어버리고, 잦은 잔소리는 부모의 말 자체를 차단하게 만듭니다. 부모가 공부하라는 잔소리를 반복할수록 아이의 마음속엔 '난 못 해'라는 생각이 커질 가능성이 높습니다. 듣기 싫은 잔소리는 사춘기가 시작된 아이와 부모의 사이가 틀어지는 원인이 되기도 하지요.

아이들은 부모의 시간을 먹고 자랍니다

 마지막으로 이 당부를 꼭 드리고 싶습니다. 자녀 교육의 본질은 돈이 아니라 시간에 있습니다. 아이에게 돈을 쏟아붓기보다 아이와 마주 앉아 하루를 나누고, 함께 걸으며 이야기를 나누어야 합니다. 그 시간이 곧 사랑이자 교육입니다.

 부모가 아이에게 줄 수 있는 가장 큰 선물은 값비싼 학원이나 화려한 체험이 아닙니다. 아이를 바라보고 아이의 이야기를 들어줄 때, 아이는 자신이 소중한 존재라는 것을 깨닫습니다. 이 경험이 자존감의 뿌리가 되고, 앞으로 마주할 수많은 도전과 갈등을 이겨낼 힘이 됩니다. 교실에서 오랫동안 아이들을 지켜본 바로, 아이를 단단하게 만드는 것은 특별한 교육이 아니라 기본을 지키는 부모의 시간과 태도입니다. 이것이야말로 자녀교육의 출발이자 아이를 올바른 방향으로 이끄는 가장 확실한 길임을 꼭 기억해주셨으면 좋겠습니다.

(vol. 158, 2025. 겨울)

부모들은 어떻게 학교를 바꾸었는가

참교육학부모회와의 만남

1996년 4월이었다. 일산 신도시로 이사하고 큰아이를 유치원에 보내면서 갑갑하던 차였다. 이미 유치원은 교육보다는 돈벌이에 혈안이 되어 있었다. 혼자 목소리를 내다가 다른 유치원으로 옮겨갔지만 함께 의논할 학부모들이 없었다. 그때, 참교육학부모회(이하 참학)가 학부모 대상 연속 강좌를 연다는 조그만 광고를 보았다. 가뭄에 단비를 만난 듯 흥분과 기대감이 솟았다.

박이선 _ 참교육학부모회에서 수석부회장, 부회장으로 활동하다 지금은 정책자문위원으로 함께하고 있다. 『학교 겁내지 말자』를 함께 썼다.

아이를 키우는 다른 부모들을 만날 수 있겠구나 하는 마음으로 강좌 신청을 했고 이후 만들어진 소모임에도 참여했다.

알고 보니 일산에 이사 오기 전 참학 활동을 하던 학부모들이 고양에도 지부를 만들어보자는 목표를 가지고 강좌를 준비했던 것이었다. 나처럼 아이 키우며 고민하는 사람들을 한 주에 한 번씩 만나기 시작했고, 학교와 아이 키우는 이야기가 끝도 없이 이어졌다. 학부모들이 모여 교육문제에 대한 목소리를 내오던 참학을 고양시에도 만들어보기로 하고 10월에 고양지부를 창립했다. 참학은 돈봉투보다는 선생님께 존경심을 전하고, 교육문제와 사회문제를 고민해 좋은 환경을 만들기에 앞장서는 학부모가 되기 위해 1989년 출범한 학부모운동 단체였고 학부모교실 강좌를 열어 함께할 학부모들을 모아왔다. 고양지부도 그 대열에 함께하게 된 것이다.

교육정책과 학부모 사이

지부 창립을 하고 나니 내 아이를 키우던 범주를 넘어서서 교육정책이 눈에 들어오기 시작했다. 그때 가장 큰 교육 이슈는 '학교운영위원회'(이하 학운위)였다. 김영삼 정부가 5·31교육개혁 조치로 모든 학교에 학운위를 설치하고 학부모 참여를 법으로 정했다. 이전까지 학교와 학부모의 관계는 쌍방향 소통이 불가능했기 때문에, 어떤 식으로든 학교 운영에 학부모 대표가 참여할 수 있다는 것만으로도 획기적이라고 생각했다. 학교와 학운위의 역할에 대한 토론과 공부를 하고, 학부모가 학교에 참여하는 방법을 찾아나갔다. 참학 회원들이 학교운영위원이 되어 사례를 나누고 개선점을 찾는 과정이었다. 1997년 아이가 초등학생이 되자 두말할 것 없이 학운위원 선거에 나갔다.

막상 학운위원이 되고 보니 다른 학부모들을 만날 수 있는 통로가 없었다. 학부모들은 학교 밖에서 옆집 엄마를 통해 학교에 대한 소식을 듣고 불평을 이야기하는데, 학운위는 그들의 목소리를 담아내지 못했다. 법이 갖는 한계를 서서히 인식하게 된 것이다. 학운위에 교사 대표와 학부모 대표, 지역인사가 참여했지만 교사회, 학부모회, 학생회가 법적으로 인정되지 않는 상태였다. 아이를 학교에 보내는 학부모는 학부모회가 아닌 임의단체인 어머니회(또는 학부모회)에 참여할지 말지 결정해야 했고, 학운위원과 어머니회 단체 임원들과 갈등도 많았다. 학부모 대표는 법적으로 학운위에 참여하는데 학부모회는 법적기구가 아닌 모순을 안고 있었기에 학운위원이 학부모들을 만날 통로는 애초에 없었던 셈이었다.

이때부터 참학은 학부모회, 교사회, 학생회 법제화를 줄곧 요구해왔다. 아직도 「초중등교육법」 개정은 이루어지지 않고 있지만, 경기도교육청에서 2012년 학부모회를 조례로 만든 이후 다른 시·도교육청에서도 학부모회 조례 제정에 나서고 있는 것은 의미가 있다.

학부모들은 내 아이를 중심에 놓고 교육정책을 바라볼 수밖에 없다. 참학과 같은 학부모운동 단체가 학부모들 목소리를 담아 정부에 입장을 전달하고 비판하는 역할을 했다. 그러나 학부모가 처한 환경에 따라 교육정책에 대한 입장 차이가 나타나고 교사와 학부모 간 갈등이 빚어지기 시작했다. 고교 평준화 문제와 교원 정년단축 정책이 그러했다.

김대중 정부 이후 참학은 학부모가 달라져야 학교도 달라지고 아이들이 좋은 환경에서 교육을 받을 수 있다는 입장을 담은 '학부모헌장'을 발표했다. 치맛바람 학부모를 넘어 시민으로서의 학부모로 학교와 사회에 대한 관심을 가져야 한다는 것이다. 학부모가 바로 서야 아이들이 우뚝 설 수 있다는 기치 아래 촌지와 불법 찬조금 근절 운동을 펼쳤다. 스승의 날 2월로 옮기기, 어린이신문 강제 구독 거부 운동 같은 학교문화를 바꿔나가는 운동도 다른 학부모들과 함께 펼쳐나갔다.

학교문화 바꾸기

큰아이 학교에서 학교운영위원으로 활동하면서 학부모들을 만나기 위해 시작한 활동이 '학교도서관 만들기'였다. 1997년만

해도 도서관 있는 학교가 드물었다. 도서관 공간은 있어도 문을 열어놓지 않고 팻말만 달린 곳이 많았다. 큰아이 학교도 마찬가지 상황이었다. 아이의 학교도서관 담당 선생님과 함께 도서관에서 자원봉사할 학부모를 모았다. 너무나 적은 수였지만 의기투합해서 먼지를 털고 책을 기증받아 도서관 문을 열었다. 십진분류법에 대한 이해조차 없어 아날로그 방식으로 책을 빌려주었다.

조금씩 지쳐갈 때쯤 언론에서 '사회의 책을 학교로 보내자'는 캠페인을 열었다. 학교도서관 전산화 작업을 돕겠다는 것이었다. 학운위 회의에서 전산화 안건을 제안했으나 예산이 없다고 난색을 표했다. 우여곡절 끝에 학교도서관협회의 자원봉사에 힘입어 도서관 전산화를 이루었고 이에 대한 비용은 도서바자회 수익금으로 해결했다. 전산화로 새롭게 단장한 학교도서관은 문전성시를 이루었다. 아이들이 환하게 웃는 얼굴로 쉬는 시간에 도서관을 찾고 학부모들도 신이 나서 도서관 자원봉사활동을 해나갔다. 2000년이 지나면서 경기도에서도 '학교도서관 사서지원사업'을 진행해 경기도 곳곳에 학교도서관이 생겨나고 전문 인력이 배치되었다. 지금은 도서관 없는 학교가 거의 없다. 20년이 지난 지금도 학교도서관은 문이 활짝 열려 있고 아이들이 기분 좋게 찾아오는 곳으로 자리 잡았다.

학부모들이 나서서 학교문화를 바꿔나가기 위해 한 활동은 학교도서관 만들기뿐 아니라 학교급식 검수단, 체험학습이나 청소년단체 활동 명예교사, 상담 자원봉사 등이 있었다. 다양한 자원봉사활동은 학교와 학부모 관계를 이어주는 역할을 했다.

학교와 학부모 관계를 말할 때 늘 따라다니는 '치맛바람'은 학교로 향하려는 학부모들의 발걸음을 붙잡았다. 학교에 드나드는 학부모들이 모두 내 자식만을 위해 치맛바람 일으키는 존재로 인식되다 보니 나도 그런 부류로 취급될까 싶었던 것이다. 참학에서는 학교문화를 바꾸는 데 가장 필요한 것이 '촌지와 불법찬조금'을 없애는 것이라고 생각해 전국적으로 캠페인을 벌이고 해마다 설문조사와 토론회를 열고, 신고센터를 운영했다. 신고센터에 접수되는 사례는 해마다 늘어갔고 학부모들도 이 문화를 없애기 위해 적극적으로 행동했다. 학부모들과 교사들이 힘을 합해 꾸준하게 활동한 결과 이제 학교에서 촌지와 불법찬조금은 찾기 어려워졌고 청탁금지법까지 만들어졌다.

학부모 부담 교육비 경감

아이가 중학생이 되자 학부모가 부담해야 할 교육비가 늘어났다. 수업료와 학교운영지원비 등을 포함해서 1년에 20만 원가량을 내야 했다. 중학교도 의무교육기관인데 학부모들이 학교 운영에 들어가는 비용을 부담해야 하는 것은 분명 문제라는 생각이 들었다. 학교운영지원비는 1994년 폐지된 초등학교 육성회비에 해당하는 것으로, 2006년에는 3,710억 원이 학부모에게 징수되었다. 2007년 참학 전국 이사회에서 '학교운영지원비 폐지운동'을 벌여나가기로 결의했다. 중학교가 의무교육기관이 된 2002년 이후 중학교 입학자들을 대상으로 학교운영지원비 반환청구소송과 학교운영지원비 납부거부운동을 진행했다. 214명이 소송인단에 참여했고 1,600여 명이 납부거부에 참여했다. 2012년 8월 헌법재판소는 공립 초중학교에서 학교운영지원비를 걷을 수 없다고 판결했다. 「헌법」 31조 의무교육 무상원칙에 위배된다는 이유였다. 교육부도 학교운영지원비를 폐지한다고 발표했다. 현재 중학생 학부모들은 학교운영지원비를 부담하지 않는다.

교복 값 거품 논란이 재연된 때는 2006년이었다. 교복 값이 30만 원을 넘어가자 고질적인 대기업 중심의 교복 유통시장 문제가 불거졌다. 정부 차원에서 문제를 해결하지 않자 학부모들이 주체가 되어 개별 학교에서 교복 공동구매를 해나갔다. 나도 아이 학교에서 공동구매추진위원회를 구성해서 하복을 3만 원대 가격으로 구매했다. 학부모들이 공개입찰 방식을 통해 업체를 결정하고 교복값 수납, 납품 과정까지 진행하기란 여간 어려운 일이 아니었다. 그래도 공동구매 학교가 늘어가고 사례가 쌓이면서 학부모들 간의 연대도 두터워졌다. 결국 교육부가 나서서 학교가 직접 단체구매를 하는 방식으로 변화하게 만들었다.

학부모가 부담하는 교육비 중 가장 비중이 큰 것은 대학등록금이었다. 아이가 고등학생이 되자 대학등록금이 걱정되긴 나도 마찬가지였다. 당시 대학등록금은 연간 천만 원을 넘어가고 있었다. 대학 진학률이 80%를 넘나들고 사립대학의 비중이 높은 상황에서 학생과 학부모들에게 등록금 부담은 매우 심각한 사회문제였다. 참학도 '등록금넷'에 참여해 사회적 이슈로 만들어내는 데 앞장섰다. 현재도 대학등록금은 고공행진 중이다. 그러나 시민들은 대학들이 등록금을 교육에 쓰지 않고 적립금으로 쌓아두는 현실에 대해서도 잘 모르고 있다. 국·공립대학 비중이 낮은 우리의 현실이 씁쓸하기만 하다.

안전한 학교 만들기

작은아이가 초등학생 때 학교에서 돌아온 뒤 심하게 배탈이 난 적이 있다. 놀란 마음을 진정시키고 병원에 가보니 같은 학교 아이들로 북새통이었다. 똑같은 증세로 말이다. 의사는 식중독이 의심된다고 했고, 학교에 연락해보니 보건실도 병원 상황과 다르지 않았다.

2006년 이후 학교급식 식중독 사태는 해마다 반복되었다. 학부모들은 학교는 안전한 곳인가 하는 의문을 갖게 되었고, 단순히 먹는 문제를 넘어 안전한 먹거리 공급과 유통을 지방자치단체가 책임져야 한다고 요구하게 되었다. 「학교급식법」이 제정되고 지자체마다 친환경학교급식지원센터를 설치하기에 이르렀다. 여전히 식재료의 안전성과 식품첨가물 문제는 과제로 남아 있다.

2010년 들어서는 학생 인권, 학교폭력 문제가 초미의 관심사로 떠올랐다. 갈수록 치열해져가는 학교 안에서 아우성치는 아이들의 목소리는 성적표에 묻히기 일쑤였다. 좋은 학교에 진학하기 위해 인권은 안중에 없었다. 경쟁교육은 학생 인권을 제약하고, 벌점제와 처벌을 강화하고, 학교폭력을 더 심각하게 만들었다. 경기도교육청을 시작으로 학생인권조례를 제정하며 인권친화적 학교를 만들겠다고 선포했지만 지금도 학교 현실은 억압적이다. 학교폭력 문제를 해결하기 위한 방안도 감시와 통제 수준을 넘지 못하고 있다. 최근 '회복적 생활교육'을 내세우며, 잘못을 벌하기보다 서로 상처를 회복하기 위해 회복적 대화모임을 갖는 학교가 늘어나고, 갈등을 해결하기 위한 교육을 받는 교사와 학부모가 많아지고 있는 것은 몹시 반가운 일이다.

세월호 이후의 교육운동

2014년 세월호 참사는 우리 삶을 송두리째 흔들었다. 학부모들은 학교를 다시 바라보기 시작했다. 그저 학교를 믿고 아이를 보내는 역할에 머물러 있을 수 없었다. 교육정책과 학교문제에 직접 목소리를 내기 시작했다. 교육부와 교육청, 학교의 대응은 학부모들의 목소리를 따라가지 못했고, 교육정책은 제자리걸음을 하고 있었다. 학부모들이 잘 몰랐던 교육문제들이 온라인 공간에서 공유되고, 서로 다른 입장을 가진 학부모 단체들이 생기고 다양한 입장을 가진 커뮤니티가 만들어졌다.

학부모들은 손에 잡히지 않는 교육담론보다는 내 아이의 생활과 직결되는 교육문제에 더 관심이 있다. 학교를 믿지 못하고 교육당국을 믿지 못하는 경향이 두드러지게 나타나고 있다. 촛불혁명을 경험한 시민들은 직접 문제를 해결하기 위해 나서고, 언론과 온라인을 활용하여 여론에 호소하기도 한다. 학교 안에서 일어나는 문제뿐 아니라 교육당국이 손쓰지 못하는 부분까지 시민들이 스스로 대응하고 교육정책의 방향도 제시하고 있다. 스쿨 미투, 사립 유치원 비리 문제 또한 시민들이 주축이 되어 교육당국을 견인해내면서 풀어가는 중이다. 당사자들의 구체적인 문제의식이 시민사회와 교육을 바꾸는 데 동력이 되고 있는 셈이다.

30년 가까이 교육운동을 해온 참학도 고민이 많아졌다. 참학을 통해 교육문제를 접하는 학부모들이 줄어들고 있기 때문이다. 꼭 참학이 아니더라도 젊은 세대 학부모들은 다양한 커뮤니티를 직접 만들고 문제를 드러내는 데 적극적이다. 참학도 변화하는 세대가 참여할 수 있는 활동 영역을 넓히려 노력하고 있다. 방과후 학교 놀이터인 '와글와글놀이터' 만들기 운동은 학부모들이 학교 안에서 놀이 동아리를 만들고 놀이터 이모가 되어 아이들과 함께 놀아보자는 것이다. 와글와글놀이터는 전국에 번지며 아이들의 삶의 변화를 이끌어내는 활동으로 자리잡아가고 있다. 즐거워하는 아이들과 함께 웃고 놀다 보면 학교를 바라보는 학부모들의 시선도 좀 달라지지 않을까.

교육은 우리들의 삶과 직결되어 있다. 부모들은 아이들이 행복해지기를 소망한다. 교육정책의 방향도 부모들의 소망과 다르지 않아야 한다. 교육정책이 교육부와 학교에 갇혀서는 안 된다. 학부모를 비롯한 시민들이 문제를 제기하고 비판을 하고, 나아가 정책을 만드는 길잡이 역할까지 해야 한다. 교육의 모순이 있는 한 운동은 계속될 수밖에 없다.

(vol. 120, 2018. 11-12)

학부모들이 함께 책을 읽으면 생기는 일

학부모들이 모이면 무엇을 할까

며칠 전, 초등학교 학부모 독서동아리 채팅방에 어느 회원이 MBC 〈PD 수첩〉에서 방영한 '아무도 그 학부모를 막을 수 없다'를 공유했다. 회원들은 말로만 듣던 악성 민원의 실체에 당황하고 충격을 받기도 했지만, 무엇보다도 '영상 속 학부모의 자녀는 괜찮을까?' 걱정하는 마음을 주고받았다. 남의 자식 일에까지 오지랖을 넓히는 것도 잠시, 자연스럽게 회원들의 사춘기 자

윤현희 _ 세종시에서 세 아이를 키우는 학부모. 노래 듣기, 영화 보기, 요리하기를 좋아하지만 이 모든 것과 비교되지 않을 만큼 책 읽기를 좋아한다.

녀 이야기로 넘어왔고 '사춘기일 때 좋은 책, 균형 잡힌 책을 읽게 하자'고 독서회원다운 다짐으로 대화가 끝났다.

이 독서회는 셋째아이가 초등 2학년일 때 학부모회에서 만든 동아리인데 아이가 고등학생인 지금도 회원으로 참여하고 있다. 또 다른 독서모임은 아이가 중학교에 입학하면서 중학교 학부모회에서 결성한 독서동아리인데 여기도 계속 회원으로 참여하고 있다. 그리고 20년지기 독서논술 강사들과도 모여서 매월 독서모임을 하고 있으니 나는 싫든 좋든 한 달에 대여섯 권의 책을 심도 있게 읽어내야 한다. 이 세 개의 독서모임은 내가 제안하고 주도적으로 결성했는데 지금껏 결속력 있게 유지될 수 있는 건 회원 개개인의 역량과 소속감, 무엇보다 책을 매개로 한 소통이 가장 큰 이유일 것이다.

지난 20여 년간 세 아이의 학부모로서 다양한 학부모회 활동을 하는 동안 가장 뜻깊은 일은 단연코 학부모 독서회를 창단한 것이다. 아이가 학교에 입학하면 학부모 독서회가 있는지부터 살피고, 없으면 학부모회 주관으로 독서회원을 모집하고 독서동아리를 만들어 운영했다. 독서동아리를 만들고 싶어서 학부모회장을 지원한 적도 있다는 것을 아는 지인들은 내가 남다른 교육철학을 가지고 학부모와 소통을 꾀했다고 치켜세우지만, 사실 처음 독서동아리를 결성하게 된 것은 지극히 우연이고 개인적인 이유였다.

2012년, 중3이던 첫째가 전교 학생회장으로 선출되면서 나는 당연직처럼 학부모회장이 되었다. 얼떨결에 준비 없이 회장이 되고 보니 모든 것이 생소하고 두려웠다. 당장 학부모회를 어떻게 조직해서 어떤 활동을 할지, 학부모끼리 불편함 없이 소통할 방법은 무엇인지, 학부모들이 외면하고 참여하지 않으면 어떡할지 걱정이 꼬리에 꼬리를 물었다.

그러나 열흘 후 대의원이 구성되어 대의원회의가 열리자 그 고민이 기우에 지나지 않음을 알 수 있었다. 50명이 넘는 대의원은 그해 학부모회 중점 사업에 대해 다양한 의견을 내놓았을 뿐만 아니라 지속적인 학습공동체를 꾸리자는 의견이 많았다. 어떤 학부모가 사춘기를 요란하게 겪고 있는 자녀와 소통이 힘들다고 토로하자 많은 부모들이 공감했다. 학부모들의 의견을 듣다가 불현듯 독서동아리가 떠올랐다. 마침 학생들과 독서·논술 수업을 하고, 지역도서관에서 주부독서회를 운영하던 터라 학부모 독서동아리가 매혹적으로 다가왔다. 학교의 협조와 학부모회의 동의 절차를 거쳐 독서동아리를 결성했다.

학부모독서회가 교육활동 참여로 이어지다

2012년 6월, 22명이 참여한 첫 독서모임의 토론 도서는 이금이 작가의 『유진과 유진』이었다. 유치원 시절 같은 사람에게 성폭행을 당한 '큰 유진'과 '작은 유진' 두 여학생의 이야기로, 부모의 마음가짐과 행동에 따라 아픔을 겪은 자녀가 자신과 세상을 어떻게 대하며 성장하는지를 보여주는 좋은 작품이었다. 몇몇 회원은 자신의 어릴 적 크고 작은 경험을 거침없이 얘기했고, 어떤 회원은 자녀의 성폭행 피해 사실을 이야기했다. 토론이 끝난 후엔 뜻밖의 분위기도 이어졌다. 같은 학교의 학부모로 모임에 참여한 회원들끼리 '여기서 들은 이야기는 비밀에 부친다'는 암묵적인 약속이 만들어졌고, 이는 회원들의 끈끈한 연대 의식이 생겨나는 계기가 되었다.

매달 두 번 학교 도서관에 모여 책 이야기를 할 뿐인데 회원들은 시나브로 학교와 학부모회의 활동에 관심을 가졌다. 모임이 끝날 즈음 누군가는 학교의 교육과정을 궁금해하고, 누군가는 자녀의 학습 정보를 교환하고, 또 누군가는 학부모의 학교 참여 활동을 물어보았다. 급기야 '학생들을 위해 우리가 할 일은 없을까'라며 창의적인 제안까지 나왔고, 일사천리로 진행된 행사가 도서바자회였다. 학생들이 친구들과 함께 좋은 책을 직접 고르고 할인가로 구입하는 기회를 마련해주자는 취지로 3일 동안 진행했는데, 바자회 도서 159권은 회원들이 발품 팔아가며 서점에서 직접 고른 책들이었다.

학교의 도움과 학부모의 자원봉사로 바자회는 성황리에 끝났고 바자회 수익금으로 도서를 구입해 학교 도서관에 기증했다. 바자회를 열며 짜릿한 성취감을 맛본 회원들은 늦가을 학교 축제 때 전교생 북아트 행사를 제안했고, 이 또한 성황리에 끝나면서 회원들의 만족감은 더욱 커졌다. 독서의 효용이 나를 넘어 자녀가 속한 교육공동체로 퍼져나가는 것을 직접 목격했으니 그 보람이 오죽했을까.

세월이 흘러도 학부모독서회의 첫 경험은 워낙 강렬해서 내 기억에 돋을새김된 것 같았다. 10년 전, 늦둥이인 셋째가 초등학교에 입학하자 나의 관심은 또 책에 쏠렸다. 그래서 저학년인 1, 2학년 모든 교실에 매주 수요일 아침 등교 후 15분 동안 '그림책 읽어주는 학부모' 동아리를 만들었다. 이 시간에 담임 선생님들을 교무실에서 짧은 티타임을 갖고, 학부모들은 아이들에게 그림책을 읽어주며 이야기를 나누었다. 또한 학교에 학부모 독서동아리를 제안해 학부모회 주도로 독서모임을 결성해서 지금까지 활발히 이어오고 있다.

학교와 소통하는 동아리

학생들이 학교에서 안정감과 자신감을 가지고 건강하게 생활하는 데는 학부모의 역할이 중요하다. 학부모의 교육활동 참여는 단순한 봉사를 넘어 자신의 능력을 키우고, 교육공동체 구성원으로서의 가치를 찾는 일이기도 하다. 학부모 독서동아리는 다른 학부모 모임과는 성격이 조금 다르다고 할 수 있다.

대부분의 학부모 모임은 학부모 지원 사업비로 행사 등 일회성 봉사를 하거나 한두 달 단기 운영되는 경우가 많다. 하지만 독서동아리는 꾸준히 진행해야 하니, 매달 두 번은 학교의 장소 지원이 꼭 필요하다. 학교 입장에서 생각하면, 학생들을 위한 모임도 아니고 학교 공간도 부족한데 정기적으로 장소를 비워두는 것이 쉽지 않았을 것이다. 그러나 처음에는 학교의 이런 사정은 생각지 못하고, 학부모 동아리니까 학교 공간을 이용하는 것은 당연하다고 생각했다. 그렇게 거리낌 없이 학교에 드나들던 어느 날, 담당 선생님이 "학생들 중간고사 기간에 학부모님들이 학교에 오시는 것이 불편하다는 의견이 있다"고 조심스럽게 말씀하셨다.

회원들은 "아, 맞다! 우리가 그걸 왜 간과했을까" 하면서 시험 기간에는 학교 출입을 하지 않는 것을 원칙으로 정했다. 선생님이 어렵게 전달한 의견을 회원들이 선뜻 받아들이자 학교는 독서동아리를 더 배려해주었다. 학생들이 만드는 독서신문에 '학부모가 추천하는 청소년 도서' 코너를 만들어 지면을 할애해주었고, 학교축제 기간에 독서동아리의 토론도서 북큐레이션 전시를 부탁하고 장소를 마련해주기도 했다.

독서회원들은 모임에 주체적으로 참여했고, 책을 통해 생각이 깊어지고 삶의 태도가 바뀌는 것을 경험했다. 엄마와 아내 역할을 하느라 늘 뒷전이었던 자신을 새삼 돌아보았고, 자신에게 집중하는 시간의 소중함을 깨달았다. 무엇보다 늘 책을 곁에 두면서 이야깃거리가 풍부해진 덕분에 자녀와의 소통뿐만 아니라 학교와의 소통도 원활해졌다. 자연스럽게 학교의 교육과정에 관심을 가지게 되고 학교 행사에도 적극적으로 참여하면서 보람을 느끼게 되었다. 이런 문화가 바로 학부모 독서모임의 묘미이고, '학교마다 학부모 독서동아리가 있어야 한다'고 주장하는 이유이기도 하다.

믿음이 쌓이는 시간들

독서모임을 하면 '재미'라는 기본값에 '지식과 지혜'가 더해지기도 하지만, 시간을 함께 보낸 관계에서 쌓이는 믿음은 더욱 특별하다. 그래서인지 서로 나눔도 잦다. 여름 내내 우리 집 현관문 앞에는 고추, 상추, 오이가 놓여 있더니, 더위가 한풀 꺾이자 메리골드차가, 찬바람이 불자 감과 고구마가 책과 함께 놓였다. 지난 모임에서 누군가 다음 독서회 때 유자차를 가져오겠다고 예고하자, 두 달 전에 독서회에 참여한 신입회원이 문득 자기 고백을 했다. 독서회에 처음 참석했을 때 누군가 쌀을 주더니 두 번째 참석했을 때는 미역을 나눠주기에 집에 가서 남편에게 진지한 표정으로 말했다고 한다. "이 독서회 뭔가 미심쩍어. 자꾸 뭘 나눠주는 게 이상해. 사이비 종교단체 아닌가 몰라."

흔히 학부모와 교사의 관계는 불가근불가원不可近不可遠이라고 말한다. 서로가 너무 가깝거나 멀지 않게 적당한 거리를 두는 것은 모든 인간관계에서 필요한 덕목이기도 하다. 부모는 학교에서 아이의 친구 관계가 어떤지, 관심과 소질을 나타내는 과목이나 특정 분야가 있는지 늘 궁금하지만 선생님에게 물어보기는 쉽지 않다. 자칫 내 아이만 특별하게 봐달라는 것처럼 비칠까봐 조심하게 된다. 그래서 아이를 양육하면서 생기는 궁금증이나 불안감을 신뢰할 만한 학부모끼리 해소하는 경우가 많다. 자녀와 관련한 대화가 타인에게 피해를 주지 않고 뒷담화가 되지 않을 거라는 확신이 서면 마음이 놓인다.

책을 매개로 만나는 독서동아리는 서로에 대한 믿음이 전제되고 이는 풍부한 대화로 이어진다. 가족 이야기, 선생님 이야기, 학교 이야기 다 할 수 있지만 가타부타 간섭하거나 비난하는 일은 거의 없다. 그럴 시간이 없기도 하고, 가치 없는 일에 에너지 쏟는 것을 아까워할 줄 안다. 첫머리에서 언급한 〈PD수첩〉의 학부모들도 이런 학부모 독서동아리에 참여했더라면 어땠을까 생각해본다.

'나비효과'라는 말이 있다. 미세한 변화나 작은 사건이 훗날 엄청난 결과로 이어진다는 것이다. 독서동아리를 중심으로 함께 시작한 날갯짓은 학부모들이 학교를 신뢰하고 자녀와 소통하는 원동력이 되고 있다. 한 그루 우뚝 솟은 나무도 멋있지만 나무와 나무가 어울려 더불어 숲이 될 때 더욱 아름답다는 것을 우리는 안다. 학부모들이 둘러앉아 책을 펼칠 때, 나비의 날개가 펄럭이는 선의의 구심점이 만들어질 것이다.

(vol. 154, 2024. 겨울)

좋은 부모보다
좋은 사회가 먼저다

배워야 할 게 너무 많은 아이들

가정으로 찾아가 교구 수업을 하는 한 방문 교사는 자는 아이를 깨워 수업해야 하는 어려움을 토로한다. 낮잠 시간을 피해 수업을 잡지만 아이의 일상이 늘 규칙적이진 않으니 간혹 수업 시간과 졸린 시간이 겹치기도 한다고. 현관에서부터 울음소리가 들리는 날은, 양육자가 졸려 하는 아이를 못 자도록 다그치고 있는 경우다. "저기 봐. 선생님 오셨다! 눈떠, 눈떠!" 하면서. 꾸

장희숙 _《민들레》편집장. 책 만드는 틈틈이 청소년들과 글쓰기 수업을 하고 동네 입양원에서 아기들을 돌본다. 『재난의 시대, 교육의 방향을 묻다』, 『'어른아이'를 만드는 사회』 같은 책을 함께 썼다.

벅꾸벅 졸던 아이가 수업 중에 잠들어버린 날, 아이 엄마는 이렇게 말했다고 한다. "음… 우리 아이는 잠귀가 밝으니 소리라도 듣게 수업 마저 진행해주세요." 잠든 아이 머리맡에서 무당처럼 교구를 흔들다 돌아오는 길에 '두 살배기 데리고 내가 뭐하고 있나' 자괴감이 들었다고.

어린아이들의 교육 시기가 당겨지며 영유아 사교육 시장이 빠르게 확장하고 있다. 어린이집이나 유치원 같은 주요 교육기관 외에도 학원, 문화센터, 학습지 방문 과외 등 영유아의 교육 기회는 널려 있다. 프뢰벨 은물이나 몬테소리 가베 등 교구교육 종류도 많고, 신체 발달을 돕는 체육 과외, 소심한 아이의 자신감을 높이는 리더십 과외 등 아이에게 필요한 건 뭐든 일대일로 가능하다. 교육에 '치료'라는 이름이 덧대어져 언어치료, 놀이치료, 미술치료 같은 프로그램도 흔히 찾아볼 수 있다.

많은 이에게 충격을 안긴 '7세 고시'는 앞당겨진 유아 사교육의 단면을 보여준다. 지난 2월, KBS 〈추적 60분〉은 대치동의 유명 영어학원에 들어가기 위한 레벨 테스트에 1,200여 명이 몰린 현장을 취재했다. 시험장 입구에서 압박을 느낀 한 아이는 끝내 울음을 터트린다. 엄마는 "잘할 수 있어, 진정해. 엄마 얘기 들어봐" 하면서 우는 아이를 달래 시험장 안으로 들여보낸다. 일곱 살 아이가 응시한 시험은 한 페이지 분량의 영어 에세이를 작성하는 것이었다. 그 시험의 난이도는 고3 수준이었던 것으로 알려졌다. 영유아 영어과외 교사는 인터뷰에서 이렇게 말한다. "작문도 주입식으로 연습한 거예요. 이 주제가 나오면 이렇게 쓰자, 미리 형식을 외워서 가는 거죠."

세밀하게 분화하는 사교육 시장은 전례 없이 많은 시간과 자원을 자녀에게 쏟는 부모 세대를 타깃으로 한다. 회자되는 '7세 고시'는 먼 나라 강남 이야기라 해도 한번쯤 '영어유치원(이라 불리는 영어학원)'을 고민하는 부모들은 주변에 흔하다. "언어는 일찍 시작할수록 좋다. 지금은 힘들어도 나중에 부모한테 고마워한다." 맘카페에 떠도는 말들은 부모의 교육열을 더욱 자극한다. '이게 최고'라는 정보의 홍수 속에 정말 좋은 것을 추려내야 하는 부모들의 고단함도 만만찮다. 사교육에 돌봄 역할까지 기대야 할 때는 학원과 학원 사이, 시간이 뜨지 않도록 촘촘히 동선을 짜는 일만도 보통 기술이 필요한 게 아니다.

사교육 금지 구역은 유효할까

날로 거세지는 사교육 시장의 영향력에서 공동육아어린이집이나 대안학교도 예외일 수 없다. 설립 초기부터 대부분의 공동육아어린이집은 사교육을 금해왔다. 아이들의 성장과 발달에 좋지 않다고 여겨서다. 서로 어울려 협동을 배우는 것이 중요한데, 사교육은 혼자서 공부하며 경쟁 분위기를 조성할 수 있다는 것도 이유다. 공동육아어린이집을 기반으로 생겨난 초등이나 중등 대안학교도 대개 '사교육 금지'라는 규정을 유지하고 있다. 학습을 사교육에 의존하면 배움의 주도성을 잃게 되고, 입시 중심으로 흐르면서 학교생활에 온전히 집중하기 어렵다고 생각해서다.

하지만 근래 들어 불문율 같던 '사교육 금지' 규약으로 골머리를 앓는 현장이 많아졌다. 학부모 세대가 바뀌기도 했지만, 세상도 많이 변했다. 문어발처럼 뻗치며 진화한 사교육 시장은 공동육아를 시작하던 30여 년 전처럼 '사교육은 학원'이라고 간단히 규정할 수 없게 만들었다. 목적과 성격 또한 다양해져 그 경계는 더욱 모호하다. 동네 책방에서 방과후처럼 운영하는 독서교실은? 학부모들끼리 품앗이로 아이들을 모아 가르치는 것은? 언어치료실에서 한글을 가르쳐주는데 이것도 사교육인가? 인터넷 강의도 금지라면 EBS 무료 강의는?

부모들부터 사교육을 받으며 성장한 세대라 '사교육 없는 세상'을 상상하기 쉽지 않다. 맞벌이 부모가 많은 시대여서 더욱 그렇다. 학습(인지) 사교육은 안 한다 치더라도 예체능 사교육까지 금지하는 건 너무 엄격한 규정이 아닌가 싶다. 형아 따라 태권도를 배우고 싶다는데, 발레가 자세 교정에 도움이 된다는데 사교육이라고 다 나쁜가? 부모들은 현실적인 고민을 쏟아내며 학교에 사교육 금지법 개정 의견을 내기도 한다. 그나마 수면 위로 떠오르면 다행이다. 학교나 어린이집에 알리지 않고 암암리에 사교육을 하는 가정이 늘어나는 것도 대안교육 현장의 고민거리다.

이런 현실을 반영해 규칙을 조금씩 완화하는 곳이 생기고 있다. 사교육을 원천봉쇄하기보다는 원한다면 그 필요성을 확인하고, 과도하지 않도록 조정한다. 예체능 사교육은 허용하되 학습 사교육만 금지하는 곳도 있다. 모든 법은 시대에 따라 개정되고, 또 허점을 보완하며 발전한다. 공동육아와 대안학교의 '사교육 금지' 조항도 마찬가지다. '아이들에게 해롭지 않도록'이라는 원래 목표는 유지하되 시대와 세대에 맞게 조정하는 것은 자연스런 변화다. 고달픈 과정일지언정 이 치열한 고민은 그 자체로 유의미하다. 극단으로 치닫는 사회에서 아이들의 정서를 해치는 교육이 가속화하고 있어서다.

그 어느 때보다 육아에 열성인 요즘 부모들은 자녀의 삶에 집중한다. 무엇이든 충분히 제공해주는 부모가 되고 싶어서, 열심히 일해 경제력을 갖추고 열심히 정보를 모은다. 차별화된 교육, 다양한 기회를 마련해주어 아이의 재능을 일찍 북돋고자 한다. 학업엔 크게 목매지 않는 부모들도 자칫 아이의 재능을 알아보지 못한 무심한 부모가 되지 않으려고 일찍부터 이것저것 사교육을 시켜보며 아이의 잠재성을 가늠한다.

사랑이라는 이름의 경쟁

아이의 교육은 물론 소소한 생활까지 깊이 개입하며 관리하는 양육 방식은 한국뿐 아니라 세계 여러 나라에서 벌어지는 현상이다. 미국에선 이들을 아이 주변을 맴도는 '헬리콥터 부모', 아이를 향해 돌진하는 '타이거 부모'라고도 부른다.

부모들은 어떤 상황에서 자녀교육에 더 애쓰게 될까. 미국의 두 경제학자가 쓴 『기울어진 교육』[1]은 지난 30년간 일부 국가에서 '집약적 양육'이 확산하는 현상에 주목한다. 집약적 양육은 아이를 엄격하게 통제하는 독재형과 논리적 설득을 통해 장악하는 권위형이 결합한 방식이다.[2]

'집약적 양육'이 표준으로 자리 잡은 나라는 대표적으로 한국, 미국, 중국 등이 손꼽힌다. 이들 나라는 공통적으로 불평등이 심하고 고용이 불안정한 동시에, 교육에 대한 투자 이익이 높은 편이다. 과도한 입시 경쟁에 사교육이나 사립학교 선호도도 높다.

경제학에서는 인간이 자신에게 부과된 제약 조건 하에서 자신의 목적을 달성하기 위해 최선을 다한다고 가정한다. 지금의

---

[1] 마티아스 도프케·파브리지오 질리보티 씀, 김승진 옮김, 메디치미디어, 2020.
[2] 이 연구에서는 발달심리학의 구분에 따라 부모의 양육 태도를 방임형, 허용형, 권위형, 독재형으로 나눈다.

	반응적 부모	비반응적 부모
자녀의 선택에 개입함 (집약적 양육)	권위형	독재형
자녀의 선택에 개입하지 않음	허용형	방임형

심리학자 바움린드가 자녀에 대한 반응도, 개입도를 기준으로 구분한 양육의 네 가지 유형.

사회가 불평등하다면, 앞으로 나아질 기미가 없고 오히려 심화될 거라 예상한다면, 부모는 그에 대비해 아이를 경쟁적인 분위기에 적응시키려고 노력한다. 그 결과가 집약적 양육으로 나타나는 것이다. 이런 부모들은 자녀와의 독립성도 낮은 것으로 드러났다. 자식을 부모의 결과로 보는 사회에서는 자녀의 성공이나 실패가 곧 부모에 대한 평가처럼 느껴진다. 부모들은 위축되는 동시에 과시욕을 느낀다. 자식을 잘못 키웠다고 비난받고 싶지 않은 마음은, 자식을 잘 키웠다고 자랑하고 싶은 마음과 연결된다. 양육자에게 모든 책임을 전가하는 사회에서 그들은 부모로서 최선을 다하기 위해 의미 있는 무언가를 쉼 없이 아이 삶에 집어넣는 방식을 선택하게 된다.

하지만 전폭적인 지원이 아이의 성장에 꼭 도움이 되는 것은 아니다. 부모에게 온갖 지원을 받고 자란 아이들은 죄의식을 느끼기도 한다. 부모가 이렇게까지 내게 모든 것을 쏟아부었는데 그만큼 기대에 부응하지 못하는 것 같아서다. "부모님은 다 줬다고 하는데 나는 받은 게 없다"며 울기도 한다. 부모는 매순간 최선의 것을 골라서 주었을 텐데, 왜 아이들은 받은 게 없다고 할까. 혹은 왜 사랑 아닌 다른 것을 받았다고 할까. 힐링상담소 김영아 소장은 이것을 '배달 사고'라고 표현한다.[3] 부모의 사랑이 불안정한 사회를 거치며 자녀에겐 성취의 부담으로 전달되는 것이다.

좋은 부모가 되려면

전 세계에서 제일 너그럽게 육아를 하는 나라는 스웨덴이라고 한다. 이들은 남보다 앞서려고 자녀에게 특별한 교육을 시키는 걸 부끄럽게 여기고, 자녀가 어떤 일에 다른 아이보다 재능을 보여도 대수롭지 않게 생각한다. 경쟁의 근원이 되는 비교 심리, 그 자체가 없는 것이다. 이들은 '아이를 잘 보살핀다'는 목표를 홀로 감당하지 않는다. 육아가 부모들만의 책임이라 생각지도 않는다. 국가의 강력한 지원을 받기 때문이다. 아이가 좀 부족해도 사회에서 제 몫을 하며 그렇게 살아가면 되니까, 사회가 아이를 보호해주고 국가가 아이의 생계를 보장해줄 거니까, 부모가

---

[3] "부모님의 사랑이 부담스러워요", 김영아의 힐링상담소, 유튜브 채널 '오마이스쿨'

아이의 미래를 걱정하며 아등바등할 필요가 없다.

복지국가 이미지가 강한 유럽이라도 경제 구조나 제도에 따라 양육 방식에 차이를 보인다. 전통적인 복지국가로 분류되던 영국은 1980년대 신자유주의 정책이 도입된 후 지속적인 복지 재정 축소로 복지의 질이 저하되고 실질적 보장도 줄고 있다. 흥미롭게도 영국 부모들의 양육 태도가 집약적 양육으로 변한 것은 1998년 고등교육 개혁 직후로 보인다. 이때 대학 등록금이 인상되었고, 저소득층 대학생 장학금이 없어졌으며, 입시 경쟁이 치열해졌다. 사립학교에 진학한 상위 7%가 상류층 직업을 과점하고 있는 영국에서는 대학입학 에세이를 부모가 대신 써주거나, 자녀의 대학원 신입생 파티에 부모가 (자녀의 학업에 대해 교수와 의논하기 위해) 쫓아가는 일도 일어난다.

국민소득이 높지 않은 국가라도 사회적 안전망을 잘 갖춘 경우 부모들의 육아 방식은 허용적인 것이 확인된다. 우루과이는 1인당 GDP가 세계 50위(23,000달러)지만, 1985년 민주화 이후 국방비를 점차 줄이고 이를 교육과 보건에 집중투자하면서 남미의 북유럽이라 불리게 되었다. 무상의료, 보편적 교육, 육아휴직 등 국가가 자녀 양육을 지원하는 시스템이 잘 마련되어 있다. 세계 행복지수 상위권에 자주 등장하는 우루과이 또한 양육을 부모 개인의 책임이 아니라 국가와 공동체가 함께하는 과업으로 여기는 문화가 뚜렷하다.

개인의 선택인 듯 보이는 부모들의 양육 방식은 사실 문화, 역사, 제도, 경제 시스템의 상호작용 결과다. 그러므로 좋은 부모가 되는 것은 개인의 노력만으로는 불가능하다. 부모의 사랑은 변하지 않았다. 변한 것은 사회이고 사람들이 살아가는 방식이다. 자식을 사랑하는 만큼, 부모도 아이도 경쟁을 하지 않으면 살아남기 어려운 구조라고 여기게 된 것이다. 생존 위협을 느끼게 하는, 기울어진 사회를 그대로 둔 채 '7세 고시'와 '4세 고시'에 뛰어드는 부모들을 비난할 수만은 없다. 그들이 주는 것은 사랑이지만 사회 불평등이 그 사랑을 '경쟁'으로 만든다. 좋은 부모가 되려면, 먼저 좋은 사회가 필요하다.

(vol. 156, 2025. 여름)

교육은 서비스가 아니다

학부모가 민원인이 되면 교육이 무너진다

2023년, 교육부와 문화체육관광부의 새해 정책 방향 보고회에서 윤석열 대통령은 "교육을 하나의 서비스로 보고 수요자와 공급자가 자유롭게 선택할 수 있도록 제도적으로 보장해야 한다"고 말했다. 고교 다양화를 대선 공약으로 내걸고, 당선 후에는 반도체 인재 양성을 국가적 교육과제로 제시한 것도 같은 맥락으로 볼 수 있다. 심지어 "교육부도 경제부처가 되어야 한다"

현병호 _ 《민들레》 발행인. 『스스로 서서 서로를 살리는 교육』 『반지성주의보』를 썼고, 『대안교육 20년을 말하다』 외 여러 권을 함께 썼다. 옮긴 책으로는 『지구에서 마지막까지 살아남은 사람』 『소통하는 신체』(공역) 등이 있다.

는 말도 했다.

사실 교육을 서비스로 바라보는 시각은 신자유주의와 함께 1990년대 초부터 대두되었다. 행정서비스헌장 제도도 그 연장선에 있다. 행정서비스헌장은 행정을 규제·절차 중심에서 고객·결과 중심으로 전환하는 것을 목표로 질 높은 서비스를 제공하기 위해 행정에 경쟁과 경영 원리를 도입한 것이다. 1991년 영국의 시민헌장(Citizen's Charter)을 계기로 많은 선진국이 행정서비스의 질 향상을 도모하여 정부에 대한 국민의 신뢰도와 만족도를 높였다.[1] 우리나라도 1998년 국민의정부에서 정부개혁의 일환으로 이 제도를 추진하여 2000년에 모든 행정기관으로 확산되었다. 각 행정부처와 기관들이 서비스의 기준과 내용, 제공 방법과 절차 그리고 부적절한 서비스에 대한 시정과 보상조치 등에 대한 규정을 정해 공표하고 고객만족도를 조사해 발표하면서 시정조치를 해왔다.

'민원제일주의'가 우리 사회에 뿌리 내리기 시작한 것이 그즈음부터다. 국가 행정이 지향하는 것이 규제가 아닌 서비스라는 발상의 전환은 분명 진일보한 사회정책이다. 하지만 이로 인한 부작용 또한 만만찮은 것이 현실이다. 정부와 공공기관이 고객

---

[1] 영국은 시민헌장 실시 후 공공서비스의 질이 현저히 향상되었다고 평가된다. 여권 발급까지 95일 걸리던 것이 1996년에는 15일로 단축되고, 우편 업무와 전기·수도 행정에서도 만족도가 크게 높아진 것으로 나타났다.

을 대하듯 시민의 비위를 맞추게 되면서 민원이 폭증하고, 공무원들이 민원인에 쩔쩔 매는 상황이 벌어졌다. 각 시·도 교육청이 교육행정서비스헌장을 공포하고 홈페이지에 민원 창구를 개설하면서 교육 현장에도 민원이 폭주하기 시작했다. 진상 고객이 업주의 약점을 이용해 갑질하듯이 진상 민원인은 평가에 예민한 공무원의 약점을 알고 권력행사를 한다. 시민의식이 채 성숙하지 못한 사회에서 행정서비스 개념을 섣부르게 확대하면서 생겨나는 부작용인 셈이다.

민원 폭주 현상은 시민의식이 성장하면서 줄어들겠지만 합리적인 시스템도 필요하다. 유권자에게 약한 선출직 공무원들의 약점을 악용하는 악성 민원인들을 제어할 수 있는 시스템을 만드는 것이 민주주의의 건강성을 지키는 길이다. 대부분의 공공기관들이 민원 처리 시스템을 갖추고 있지만 대표적인 공공기관인 학교에는 그런 시스템이 없다. 그렇다 보니 다짜고짜 교무실로 들이닥쳐 교사의 멱살을 잡거나 머리채 잡는 학부모도 등장한다. 시스템이 없으니 감정이 앞서게 되고, 개인 대 개인의 대결로 치닫게 된다. 부실한 시스템의 문제를 교사 개인이 감당하게 하는 형국이다.

민원의 부작용을 줄이는 길은 먼저 교육행정과 교육이 다른 영역이라는 사실을 분명히 하는 것이다. '교육행정서비스헌장'이지 '교육서비스헌장'이 아님에도 많은 사람들이 이를 혼동한다. 여기에는 교사를 말단 교육행정가로 취급하는 정부의 오랜 관행에도 책임이 없지 않다. 교사의 교육권을 보장하는 제도적 장치가 필요한 시점이다. 전교조 서울지부 교권상담실에서는 학교장을 마지막 중재자로 남겨두고 교감을 책임자로 한 민원 창구 개설을 제안한다. 학교 홈페이지에 민원 창구를 개설해서 제기된 민원에 적어도 2주 내 책임지고 답변하는 시스템을 만들자는 것이다.[2]

교육행정과 교육은 다른 것이다

'행정'이 '서비스'라는 개념에는 민주주의 가치가 담겨 있다. 하지만 모든 영역에 서비스 개념을 적용해서는 곤란하다. 교육행정과 교육을 뒤섞으면 교육현장이 무너진다. 교육이 서비스가 되고, 부모와 학생이 '고객'이 되면 배움이 일어날 수 없다. 마트에 들어갈 때와 나올 때의 고객은 (손에 뭔가가 들려 있을 뿐) 같은 사람이지만 배움터에 들어갈 때와 나올 때의 학생은 같은 사람이 아니다. 만약 같다면 그는 아무것도 배우지 못한 것이다. 마트는 화폐를 지불하고 뭔가를 사서 나오는 곳이지만 배움터는 사람이 바뀌는 곳이다.

---

[2] 서울시교육청은 악성 민원에 대응하고자 2018년 1월 「악성 민원 대응 매뉴얼」을 만들어 일선 초·중·고등학교와 산하기관에 배포했다.

교육을 서비스로 보는 시각은 자칫 마트에서 돈을 내고 물건을 사듯 학교에서도 학비를 지불하고 졸업장을 손에 쥐고 나오는 것으로 생각하게 만든다. 교육과 배움은 그런 것이 아니다. 경제는 등가교환을 원칙으로 하지만 교육은 증여의 원칙으로 작동한다. 지불한 만큼 서비스를 제공해주는 등가교환의 화폐 시스템은 같은 화폐 가치를 갖는 상품이나 서비스의 가치를 같은 것으로 간주한다. 거기서 더 나아가 거래하는 사람도 서로 대등한 존재가 된다. 교육을 서비스로 간주하게 되면 학생이 교사와 맞먹는 상황이 벌어지는 것은 필연적이다. 교육도 배움도 불가능해진다.

교사는 부모와 함께 아이를 성장시키는 파트너다. 공교육의 역할은 학생 개개인의 능력을 키울 뿐 아니라 후세대를 공동체의 구성원으로 기르는 것이다. 국가가 무상교육을 책임지는 이유다. 오늘날 각국의 헌법이 교육을 의무로 규정하고 있는 것은 국가와 부모가 아이들을 시민으로 성장시킬 책임을 나눠 져야 한다는 뜻이다. 그러나 서비스는 서비스를 제공하는 쪽에만 책임을 지운다.

혁신학교 수가 늘어나면서 혁신성이 사라지고, 오히려 혁신학교를 반대하는 학부모들의 시위가 일어나는 것도 교육행정과 교육을 혼동하면서 일어나는 문제다. 혁신학교가 인기 있으니 제대로 준비되지 않은 학교를 혁신학교로 승인해 수를 부풀리는 식으로 교육행정을 하다 보면 어느덧 귤이 탱자가 되고 만다. 교육의 장기적 비전에 따라 정책을 추진하는 것이 아니라 다음 선거를 대비해 당장 실적으로 내세울 수 있는 정책을 펴는 것이 선출직 공무원들의 생리다. 교육감 직선제의 부작용 중 하나는 행정의 실패를 교육의 실패로 오인하게 만드는 것이다. 최근 나타나고 있는 혁신학교의 문제는 행정의 실패다.

직선제는 수요자중심주의와 맥이 닿아 있다. 여하튼 표를 많이 얻는 사람을 공무원으로 뽑음으로써 재선을 꿈꾸는 선출직 공무원은 민원에 민감할 수밖에 없다. 행정서비스헌장제도와 직선제가 맞물려 행정이 민원에 휘둘리게 된다. 행정은 사익에 앞서 공공의 이익을 지키는 일이다. 가로수가 가게 간판을 가린다는 민원이 제기된다고 가로수 가지를 잘라서는 안 된다. 상가 주인의 이익을 지켜주는 것이 공공정책이 되어서는 곤란하다. 가로수는 공공재다. 공교육도 공공재다.

민원제일, 고객중심, 수요자중심, 학습자중심 논리는 공공성이나 보편성보다 개인 인권, 개별성을 우선하는 것이다. 민원제일주의가 민주주의는 아니다. 좋은 의도로 기획된 제도일지라도 나쁜 결과를 초래하는 일이 비일비재하다. 시민의식을 높이는 것이 궁극적인 해결책일 테지만, 교육을 서비스로 보는 시각은 교육을 불가능하게 만들고 시민의식의 성장을 방해한다.

교육문제는 교육적으로 풀어야

개인의 권리의식이 높아지면서 이제는 학부모만 민원인이 되는 것이 아니라 아이들도 불만이 생기면 민원을 넣거나 신고를 한다. 교실에서 제멋대로 행동하다 교사가 나무라면 적반하장으로 교사를 고소하기도 한다. 모호하고 광범위한 아동학대 규정은 코에 걸면 코걸이, 귀에 걸면 귀걸이 식으로 교사들의 행동을 옭아맨다. 교사의 정당한 훈육조차 아동학대로 내몰리는 상황이다.

위험에 처한 사람들을 구조하는 것과 약자를 보호하는 것은 성숙한 공동체의 불문율이다. 성문법은 구조와 보호를 강제하기보다 다른 사람을 위험에 빠트리거나 괴롭히는 것을 막는다. 이를 위반할 경우 범죄가 성립하도록 정한 것이 '죄형법정주의'다. 어떤 행위를 범죄로 처벌하려면 행위 이전에 미리 법률로 규정되어 있어야 한다는 원칙이다. '무죄추정의 원칙'은 범죄의 입증 책임을 국가에 지운다. 국가의 형벌권 남용을 막기 위해서다. 이태원 참사의 책임이 행자부장관과 대통령에게 있지만 죄를 묻기 힘든 까닭도 여기 있다. 죄가 없는 것이 아니라 죄를 물을 방법이 없다. 도의적 책임을 지지 않는 뻔뻔함을 단죄할 방법이 없는 셈이다.

그런데 아동학대와 성범죄의 경우는 고소만으로 죄가 성립하는 상황이다. 피해를 입었다는 사람의 일방적 주장만으로 범죄가 성립하고 유죄 선고가 내려진다. 사회적 약자인 아동과 여성을 보호해야 한다는 당위가 앞서면서 사회를 지탱하는 기본 법질서가 무너지고 있다. 아동학대나 성범죄가 빈번하게 일어나는 사회에서 약자를 보호하는 과정에 생겨나는 부작용이라고 하기에는 그 폐해가 작지 않다. 제도 개선에는 시행착오와 부작용이 따르기 마련이지만, 어설픈 개혁으로 사회적 갈등이 심화되는 것을 과도기의 현상으로 치부해서는 곤란하다. 이념에 치우친 진보 진영의 실력 없음이 여러 면에서 드러난 것이 2022년 정권 교체로 이어졌음을 냉정하게 돌아봐야 한다.

학생 인권을 절대시하는 지금의 풍조는 학교가 학생의 인권을 침해해온 오랜 흑역사의 반작용일 것이다. 하지만 학생 인권이 소중한 만큼 교사의 인권도 지켜져야 하고, 교육이 가능하려면 교권도 보장되어야 한다. 학교폭력예방법, 아동학대처벌법으로 인해 약화된 교권을 보호하기 위해 교사의 학생생활지도권 조항이 신설되었지만 교사들은 변화를 체감하지 못한다.

학급운영을 법에 기대어 운영해야 하는 학교, 교사와 학생이 서로의 권리를 따지며 신경전을 벌이는 공간에서 무엇을 배우고 가르칠 수 있을까? 교육 공간은 문제가 없는 곳이 아니라 문제를 교육적으로 풀어가는 곳이다. 교육적으로 풀어야 할 문제를 사법문제로 만드는 것은 사실상 학교가 교육을 포기하는 것이다.

  인간은 갈등 속에서 성장한다는 것을 망각하면 교육도 배움도 일어날 수 없다. 갈등을 조정하기 위해서는 규약과 법이 필요하지만 그럼에도 교육 공간은 법률(율법)보다 사랑으로 작동하는 공간이어야 한다. 아무 일도 일어나지 않도록 교사들이 아무것도 하지 않는 것을 선택하도록 만드는 사회는 사실상 아이들의 성장을 막고, 미래를 포기하는 것이다. 교사들에게 어려운 과제가 주어졌다. 학부모가 민원인이 되어버린 시대, 학생이 학생 같지 않은 시대에 '그럼에도 불구하고' 교사는 어떤 존재여야 하는가를 묻고 또 물어야 하는.

(vol. 146, 2023. 3-4)

교육 '시민'으로서의 학부모 되기

문제 학부모와 교권 회복

대한민국 학부모는 오랫동안 교육문제의 한 원인으로 지목되었다. '촌지'와 '치맛바람'을 지나 근래에 등장한 '맘충' '돼지엄마' 등의 멸칭은 문제 행동의 비판에 그치지 않고 학부모에 대한 혐오로 번지기도 했다. 2023년, 서이초 교사가 순직한 이후에는 학부모 모두 죄인이 되었고, '괴물 부모'란 말도 등장했다. 일부 학부모의 문제로 시작됐지만 전체 학부모가 괴물로

오영 _ 학부모 컨설턴트. 학부모의 교육 참여와 학교교육에 관심을 갖고 관련 주제로 글을 쓴다. 브런치북 『어쩌다 학부모회장에게』를 펴냈다.

낙인 찍히는 데는 그리 오랜 시간이 걸리지 않은 듯하다.

문제를 일으킨 '괴물 부모'[1]에 대해 시시비비를 가려 법적 잘못을 처벌하고 사회적으로 비판하는 것은 당연한 일이다. 하지만 왜곡된 이미지를 근거로 모든 학부모를 교육을 망치는 주범인 양 사회적 낙인을 찍고 부풀리는 것은 분명 문제가 있다.

학교교육의 문제는 저출생, 초경쟁, 양극화, 학벌주의, 혐오와 차별 등 사회구조적 문제와 복합적으로 얽혀 있다. 그럼에도 이 모든 것을 논외로 한 채 학부모에 대한 부정적 인식에 근거해 '모든 학부모'를 비난하고 학교교육에서 이들을 배제하려는 흐름이 이어지고 있다. 최근의 교권 회복 논의에서 학부모의 목소리는 더욱 외면당했다. 더 정확하게 말하면 학부모는 지난 일 년간 학교교육 밖으로 밀려났다.

하지만 서이초 교사가 순직한 지 일 년이 지난 지금 많은 뉴스에서 언급하듯이 교사들은 교권이 회복되고 교권 침해가 줄어들었다고 체감하지 못한다. 학생의 인권을 제한하고, 학부모의 교육권을 배제하는 것이 교권 회복과 큰 관련이 없음이 확인된 셈이다. 이제 다시, 교권과 공교육을 회복하는 길이 무엇인지 근본적 성찰이 필요하다. 교권, 학생 인권 , 학부모 교육권

---

[1] 자녀에게 권위적이면서 동시에 타인으로부터는 과잉 보호하며, 기대를 충족하기 위해 수단과 방법을 가리지 않는 부모를 일컫는 말. (김현수, 『괴물 부모의 탄생』, 우리학교, 2023)

은 각각의 권리로서 인정되고 강화되어야 한다. 그리고 각각의 권리가 상호 배제가 아닌 협력과 소통에 근거해 강화될 수 있는 방안을 논의해야 할 때다.

교육주체로 인정받지 못하는 학부모

일반적으로 학교교육의 3주체를 교사, 학생, 학부모라 한다. 국가수준의 교육 3주체는 국가(교육청, 관료), 학교(교직원), 가정(학부모, 학생)이라 하기도 한다. 어느 쪽이든 교육주체라는 말은 '교육의 제반 사항에 대해 선택과 결정, 이행할 자유와 책임을 갖는 주체'를 의미한다. 하지만 학부모는 현실에서 주체로서 합당한 권한과 책임을 부여받지 못하고 있다. 교육당국이나 학교뿐 아니라 학부모 자신도 대부분 이를 인식하지 못한다. 학교교육에 실질적인 이해 관계가 있는 사람 중 가장 다수임에도 교육주체로서 학부모를 호명하지 않고 있으며, 학교운영 주체로서 권한이나 책임도 불분명하다.

한국교원단체총연합회(교총), 전국교직원노동조합(전교조) 등 교사를 대표하는 조직처럼 학부모 전체를 대표한다고 인정되는 단체나 조직도 없다.[2] 최근 각종 교권 대책을 수립하는 논

---

2 충남과 전북 등 일부 지역에서 조례로 운영되고 있는 학부모회 연합회, 협의회는 시군

의 과정에서 학부모 배제 흐름이 강화되는 것은 이 같은 학부모의 취약한 대표성에 기인한다고 할 수 있다. 교육의 주체이면서도 교육 권력에서 가장 취약한 위치인 학부모를 모든 문제의 원인으로 지목하는 것이 책임을 전가하는 가장 쉬운 방법일지도 모른다.

하지만 학부모 리더들은 '문제 학부모'를 단죄하기에 앞서 학부모를 교육의 주체이자 학교교육의 진정한 협력자로 인정하는 것이 먼저라고 말한다. 극단적인 '괴물 부모'를 제외한 대다수 학부모는 여전히 학교교육에 열렬히 협조하고 있다. 그동안 학교는 필요할 때마다 학부모를 손쉽게 활용할 무급 인력 정도로 생각해온 면이 있다. 학부모들은 교통봉사, 학생생활 지도, 시험감독, 체험학습 지원 등 다양한 무급 봉사활동에 동원되면서도 학교를 이해하기 위해 노력해왔고, 학교의 요구에 협조하며 묵묵히 봉사해왔다. 하지만 학교가 원하는 학부모의 역할은 딱 여기까지다.

많은 학교가 학부모와의 소통에 소극적이며, 학부모들에게 적극적으로 학교를 개방하는 데 거부감을 가지고 있다. 학부모가 학교에 대해 자세히 알게 되면 자연스럽게 개입도 강화될 것이라고 생각하기 때문이다. 과거 일부 학교에선 학부모들

구 단위를 넘어서지 못하고 있다. 참교육학부모회 등 전국 단위의 학부모 단체들이 있긴 하지만 뜻 있는 일부 학부모들로 구성되어 법적 대표성을 띠기엔 부족하다.

에게 정보를 일부러 축소해 안내하려는 시도도 있었다. 교육청에서 학부모 대상으로 다양한 교육정책과 학교 참여 방법을 안내하는 연수와 워크숍 등을 개최하는 공문을 학교에 보냈는데 학부모회에는 전달되지 않은 것이다. 이유를 확인하니 학부모들이 관심 없을 것 같아서, 의무적으로 참석해야 하는 게 아니어서, 학부모들이 많이 알면 학교가 피곤해지기 때문에 공문을 전달하지 않았다는 답이 돌아왔다. 학교의 이런 대처가 학부모와의 갈등을 촉발한 면도 있다.

학부모가 학교 일을 자세히 알게 되는 것은 전혀 문제가 아니다. 제대로 알아야 오히려 불신이 줄어든다. 학부모가 학교와 교사를 신뢰하면 문제가 발생해도 학교와 협력하여 해결하고자 노력하게 된다. 학교가 제대로 된 정보를 주지 않거나 학부모와 수평적으로 소통하지 않는다고 느낄수록 오해와 갈등이 커진다. 학부모가 교육주체로 바로 서는 것은 선언이 아니라 교사를 포함한 학교 구성원들의 실질적인 인정을 통해서다.

이때 학부모는 개별적 학부모가 아니라 '집단으로서의 학부모'를 말한다. 주체로서의 학부모란 학교와 협력하여 함께 학생들을 성장시키고자 하는 '학부모 집단'의 대외적 정체성을 말하는 것이다. 물론 어떤 정책이나 사안에 대해 학부모와 학교의 관점이 다를 수 있다. 어려운 문제에 직면할 수도 있다. 하지만 이때 문제를 해결하는 방법은 교육주체로서 상호 인정과 소통이지, 책임 전가와 배제가 아니다. 그럼에도 일부 교육단체들은 현재 낮은 수준의 학부모 권한마저 박탈하자고 한다(학교운영위원회나 학부모회가 학교를 힘들게만 할 뿐 도움이 안 된다며 폐지를 주장한다).

학부모 교육 만능주의를 경계하며

교육당국은 교육주체로서 학부모를 인정하고 소통 방식을 개선하기보다 교육을 통해 계몽함으로써 '문제 학부모'를 해결하고자 한다. 하지만 현재의 학부모 교육은 일부 '문제 학부모'의 행동을 개선하는 데 부적합하다. 사실 이들의 행동을 개선하기 위해서는 연수가 아니라 심리상담 전문가 등이 참여하는 별도의 행동 개선 솔루션이 필요하다.

그럼에도 교육당국은 학부모가 문제가 없도록(또는 문제를 일으키지 않도록) 전체 학부모를 교육(계몽)하는 일에 집중하고 있다. 아동학대, 학교폭력, 교권 침해 등 이슈나 교육과정 개정, 입시제도 등 변화되는 교육정책도 학부모 교육을 하면 다 해결된다고 생각한다. 그러면서 학부모의 이해와 공감을 얻는 데는 실패하고 있다. 학부모를 수동적인 교육 대상으로 보면서 주입식 교육을 하기 때문이다.

교육 관련 이슈가 발생할 때마다 각 시·도 교육청이나 학교에 매우 적은 예산을 지원하면서 학부모 교육을 하라고 한다. 그러면 학교나 교육청은 스타 강사를 불러 대규모 일회성 연수를 열거나, 학부모의 취미 활동에 관한 연수를 진행하는 식으로 형식적인 운영을 한다. 이런 교육으로 어떤 효과를 얻을 수 있는지 반문하지 않을 수 없다.

학부모가 어떤 교육을 원하는지 그리고 이를 실현할 방법은 무엇인지, 또 학부모가 꼭 알아야 하는 교육정책과 현안을 어떻게 전달할지 적극적인 고민이 필요하다. 이슈가 있을 때만 반짝 관심을 가질 것이 아니라 중요하게 생각하는 만큼 상시 운영 시스템을 갖춰야 한다. 학부모들의 문제를 성토하면서 그에 대한 대책이라고 주장하는 학부모 교육은 언제나 정책 순위에서 밀려났다.

학부모 교육을 담당하는 교사들은 교육을 준비해도 참여가 저조하다고 푸념한다.[3] 하지만 학부모들은 교육에 참여하는 데 가장 어려운 이유로 시간적 여유 부족을 든다. 맞벌이 부부가 3분의2 가까이 되는 현실에서 대부분 평일 오전에 운영되는 학부모 교육에 참여하기란 쉽지 않다. 그럼에도 학부모 설문 결과를 보면 온라인보다는 평일 오전에 직접 참여하고 싶다는 응

---

[3] 학부모 교육은 교사의 업무가 되어서는 안된다. 학부모회가 자발적으로 학부모 교육을 운영하도록 하고 행정 담당자가 장소 및 예산 집행 등을 지원하는 방향으로 개선되어야 한다.

답률이 높다. 그렇다면 직장인 학부모에게는 눈치 보지 않고 연수에 참여할 수 있는 제도적 보장이 필요하다.

또 시간적 여유가 있더라도 학부모가 원하는 교육이 아니라면 관심이 떨어지고 참여도 떨어질 수밖에 없다. 학교교육에 중요하고 자녀들에게 직접적인 영향이 있는 정책이라면 기꺼이 참여할뿐더러 학부모가 먼저 나서서 공부하려 할 것이다. 교육당국의 일방적 입장을 전달하는 연수가 아니라 학부모 스스로 학습공동체를 활성화하는 방안이 대안이 될 수 있다.

교직원들이 자발적으로 전문적 학습공동체를 구성해 연구와 학습을 하듯, 학부모들도 학교교육을 이해하고 학부모의 교육 참여를 높이는 방법에 대해 스스로 연구하고 학습할 수 있어야 한다. 일부 교육청이나 평생학습원 등에서 학부모들이 자발적으로 학습공동체를 구성하면 연수비와 운영비를 지원하는 사업을 추진하고 있는데, 참여도와 만족도가 높다. 또한 이런 학습공동체는 학부모의 관심이 높은 학교교육 분야를 중심으로 운영하기 때문에 학교교육을 이해하는 수준도 높아진다. 이러한 학습공동체를 활성화하는 것이 일회성 연수보다 훨씬 효과적일 것이다.

또한 학부모 교육은 장기적인 관점에서 계획을 세우고 효과를 예상해 이루어져야 한다. 체계적인 교육시스템과 커리큘럼으로 운영되어야 하며, 정기적인 추적 연구 등도 병행해야 한다. 학부모가 교육시민으로 성장하여 학교교육에 참여할 수 있도록 하는 로드맵도 필요하다. 교육의 효과는 학부모의 교육정책 참여 속에서 더욱 확실히 발현될 것이기 때문이다.

마지막으로 학부모에 대한 인식 전환과 개선을 위한 교직원 연수도 필요하다. 이는 학부모들이 매우 강조하는 부분이다. 교직원들은 예전과 달라진 교육 환경을 인정하고, 학부모들의 관심과 참여를 부담스러워하며 수동적으로 대응하기보다 적극적으로 호응해야 한다. 무엇보다 교육당국이 교직원의 학부모 인식 개선 교육을 추진해야 한다.

교육 '시민'으로서의 학부모

오늘날 '문제 학부모'가 탄생한 데는 사회구조적 원인이 있다. 하지만 대부분의 학부모는 그런 '문제 학부모'가 자녀의 반에 없길 바랄 뿐, 자녀의 교육을 학교에 맡긴 것으로 자신의 책임을 다했다고 생각한다. 문제가 생겼을 때 학교와 교사에게 책임을 물으면 그만이라고 생각하는 경우도 적지 않다. 하지만 자녀의 교육은 학교에서만 이뤄지는 것이 아니다. 가정에서도 일관성 있게 자녀를 교육하려면 권리만을 앞세워 교사들을 다그치기보다는 교사의 어려움이 무엇인지 헤아리고 협력 방안을 모색하며 소통을 통해 신뢰를 형성하려는 노력이 필요하다.

그러려면 다른 OECD 국가들처럼 학부모의 자치적, 자율적 통제를 통해 운영되는 학부모회를 법으로 제정하고 이 제도를 적극 활용해야 한다.[4] 개별화된 학부모가 아니라 '집단적 참여권'을 가진 교육주체로서 학교와 각 시·도 교육청과 교육부에 의견을 개진할 학부모의 대표기구를 설치하여 참여가 보장되어야 한다.[5]

뿐만 아니라 학교운영위원회도 실질적 의사결정기구로서 권한이 부여되어야 한다. 학부모회와 학교운영위원회는 학교-교사와 학부모 사이를 공적인 관계로 엮는 역할을 할 수 있다. 교사와 학부모 사이에 벌어진 갈등도 이런 공적 제도를 통해 해결해야 교사 개인에 대한 과부하가 줄어든다. 사건의 시작은 자기 자녀에 관한 것이지만 끝은 학교교육 전반에 대한 이야기일 수 있기 때문이다. 교사와 학부모가 일대일로 만나면 학생 개인에 대해 말하게 되지만, 집단 대 집단으로 만나면 학교교육에 대해 '공적으로' 말할 수 있게 된다. '괴물 학부모' 문제 또한 다른 학부모들의 집단적 참여 속에서 학부모들에 의해 억제

---

[4] 영국, 독일, 프랑스 등은 법률로 학부모의 참여를 규정하고 있다. 특히 독일의 경우 연방 헌법에 학교와 학부모 간의 협업을 의무화했다. 학교는 학부모에게 학교 정보를 제공해야 할 의무가 있으며, 기타 법적으로 명시되지 않은 학부모 참여의 권리는 각 주정부, 각 학교, 각 학급이 소통해 해결한다. (박성희 외, 『학부모와 공교육』, 교육과학사, 2019)
[5] 2013년 경기도교육청을 시작으로 대구를 제외한 전국 모든 지역에 학부모회 조례가 제정되었지만 조례는 강제성이 없어 실효성이 부족하다.

될 수 있다.

사적인 일로 치부될 뻔한 문제를 공적 논의의 장으로 이끈 사례가 있다. A학교에서는 코로나 시기에 온라인 수업 등으로 기초학습 부진 학생들이 늘어났다. 이에 대한 학부모들의 항의성 민원과 상담이 늘어나 담임 교사들이 어려움을 겪던 중에, 학부모회가 나서서 전체 학부모 대상으로 설문을 진행했다. 기초학습 부진 학생 파악과 대책 마련이 필요하다는 학부모 설문 결과를 토대로 교사들과 공감대를 형성했고, 학교에서는 기초학습 부진 학생을 위한 보충수업을 마련하기로 했다. 이렇듯 합리적인 다수의 학부모가 학교를 휘젓는 일부 학부모를 견제하고 견인하는 흐름을 만드는 것이 필요하다.

작년 9월, 서이초 교사 순직 이후 교사들이 집단 연가를 내고 집회에 참석할 때 일부 학부모들이 이에 대해 강하게 반발했다. 하지만 여러 학교 학부모회에서 전체 학부모의 의견을 모아 교사들의 행동을 지지하는 성명을 발표하면서 일부 학부모의 민원을 철회하도록 만들었다. 더 나아가 학부모들은 그날 교사가 없는 교실에 대신 들어가 학생들을 돌보며 학교와 교사를 지원했다. 이런 사례들은 학교교육 공동체를 복원하고 우리 교육이 올바른 방향으로 나아가는 데 교육주체로서 학부모의 공적 참여가 필요함을 증명하고 있다.

학부모회와 학교운영위원회 같은 공적 제도를 강화하고 협력의 장으로 만드는 문화를 형성한다면 학교와 학부모 사이의 많은 문제들이 해소될 수 있다. 자율과 자치에 기반한 학부모의 교육 참여는 학교교육 회복에 기여할 수 있다. 이를 위해 학부모의 참여는 보다 적극적인 '교육시민 운동'으로 발전해야 한다. 다수의 학부모가 학교교육에 건강하게 참여하면서 소통하고 상호 협력하는 문화가 형성된다면 이러한 문화적 압력을 통해 소수의 '괴물 부모'도 억제될 수 있을 것이다.

(vol. 153, 2024. 가을)

교육을 다른 눈으로 보게 하는 책들

아이는 당신과 함께 자란다   이철국 씀 | 12,000원

흔들리는 부모와 교사들에게 한 교육자가 들려주는 이야기. 공립학교, 특성화학교, 공동육아어린이집, 초중등 대안학교 등 다양한 교육 현장에서 40년을 보낸 저자가 아이와 교육에 대해 몸으로 터득한 평생의 지혜를 조곤조곤 풀어낸다. 흔들리지 않는 지혜가 아니라 흔들림과 함께 살아가는 지혜를.

변방의 아이들   성태숙 씀 | 14,000원

서울 구로동에 자리한 파랑새나눔터지역아동센터에서 이십여 년 동안 아이들을 만나온 저자가, 어디에도 마음 붙일 곳 없는 아이들을 보듬으며 온몸으로 써내려간 기록. 마을이 아이를 키운다는 것이 도시에서도 가능함을 보여주는 이 이야기는 아이들을 만나는 모든 이들에게 깊은 울림을 전해준다.

두려움과 배움은 함께 춤출 수 없다   크리스 메르코글리아노 씀 | 공양희 옮김 | 13,000원

마을 속 학교인 알바니 프리스쿨에서 40여 년 동안 아이들을 만나온 저자는 아이들이 어떻게 성장하는지, 어른들은 어떤 도움을 줄 수 있는지 생생한 일화를 통해 흥미진진하게 들려준다. 두려움에 짓눌리지 않고 자기를 창조할 수 있는 힘을 어떻게 기를 수 있는지, 진정한 배움의 공동체는 어떻게 가능한지를 이야기한다.

마을육아   권연순 외 10인 씀 | 14,000원

도시에서 독박육아로 힘들어하는 부모들에게 대안을 제시한다. 아이 때문에 고립되는 것이 아니라, 아이 덕분에 좋은 친구와 이웃들을 만나 삶이 더 풍요로워진 사람들의 생생한 경험담이 담겨 있다. 도시를 떠나지 않고 대안을 찾은 이들의 이야기를 통해 육아의 대안을 넘어 삶의 대안까지도 엿볼 수 있다.

경쟁에 반대한다   알피 콘 씀 | 이영노 옮김 | 17,000원

경쟁이 패자는 물론 승자에게도 해롭다는 것, 생산성에도 오히려 나쁜 영향을 미친다는 걸 다양한 사례와 연구를 통해 증명한다. 특히 학교에서 아이들을 경쟁시키는 성적등급제도, 포상제도들이 아이들을 어떻게 망치는지에 대해 다시 한 번 성찰할 기회를 준다. 그리고 학교에서 벌어지는 구조적인 경쟁의 대안으로서 협력학습을 제안한다.

민들레

스스로 서서 서로를 살리는 교육 현병호 씀 | 13,000원
초연결사회가 될 미래사회에서 가장 중요한 역량은 소통 능력일 것이다. 이 책은 교사와 학생의 사이, 학생들의 사이, 세상과 아이들의 사이에서 활발한 상호작용이 일어날 수 있는 교육환경을 만드는 방안을 이야기한다. 그리고 표준화 교육을 넘어서 개별화 교육을 지향할 때 놓쳐서는 안 되는 지점을 짚는다.

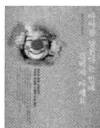

아이들을 망친다는 말에 겁먹지 마세요 알피 콘 씀 | 오필선 옮김 | 15,000원
젊어 고생은 사서도 한다? 실패는 성공의 어머니? 이런 격언 뒤에 숨은 보수적인 교육관과 아이를 길들이고 통제하려는 의도를 파헤친다. 흔히 너그러운 양육 방식이 아이들을 버릇없고 나약하게 만들어 험한 세상에 적응하지 못하게 만든다는 주장을 비판하며 훈육을 부추기는 육아서와 근성을 강조하는 자기계발서의 허구를 파헤친다.

건강 신드롬 칼 세데르스트룀 외 씀 | 조응주 옮김 | 12,000원
현대 문명 사회에서 일반화되어 있는 웰니스 현상이 어떻게 하나의 이데올로기가 되어 사람들로 하여금 자신을 상품성 높은 존재로 만들어 가도록 부추기는지 다양한 관점에서 분석한다. 병든 세상에서 홀로 건강과 행복을 추구하는 세태의 어리석음을 우회적으로 비판하면서 삶의 진면목을 마주할 수 있도록 돕는다.

이 아이들이 정말 ADHD일까 김경림 씀 | 14,000원
ADHD는 개인의 주의력 결핍, 과잉행동의 문제가 아니라 우리 사회의 인간에 대한 이해 결핍, 과잉 불안이 빚어낸 문제임을 밝힌다. 약물치료를 하지 않고 아이가 어떻게 안정감을 회복할 수 있는지 자신의 경험을 통해 생생하게 들려주는 이 책은 교사나 의사의 입장과 부모의 입장이 어떻게 다른지, 왜 달라야만 하는지를 말해준다.

하류지향 우치다 타츠루 씀 | 김경옥 옮김 | 14,000원
배움을 흥정하는 아이들, 성장을 거부하는 세대에 대한 깊은 통찰을 담고 있다. 아이들이 공부와 일로부터 도피하는 현상을 분석하며 글로벌 자본주의가 부추기는 개성을 살리는 교육의 이면과 자기 찾기라는 이데올로기에 숨어 있는 함정을 들여다보게 하고 진보주의 교육이 추구하는 가치들을 되짚어보게 한다.

스스로 서서 서로를 살리는 교육을 여는 계간《민들레》를 만나보세요

교육=학교교육이라는 통념을 깨고

'스스로 서서 서로를 살리는 교육'을 기치로 1999년 창간한 교육 전문지 《민들레》는 대안적인 삶과 교육에 관한 이야기를 세상에 전합니다.
가르침과 배움의 경계를 허물고 함께 배우고 성장하는 이들이 손을 잡을 수 있게 돕습니다.
자기가 선 곳에서 교육을 바꾸어가는 부모와 교사, 시민들이 전국 70여 곳에서 활발히 독자모임을 이어가고 있습니다.

계간《민들레》가 다루고 있는 주제들

2024년 (봄-겨울)

151호_우리는 왜 이기는 일에 삶을 낭비할까

152호_인구 감소 시대의 교육

153호_자기주도성을 바라시나요?

154호_남자아이들이 위험하다?

2025년 (봄-가을)

155호_교육과 소비

156호_과잉교육 사회

157호_교사는 가르칠 수 있을까

《민들레》 독자 모임에 함께해보세요.

전국 모임 한눈에 보기

민들레
02) 322-1603 | www.mindle.org
mindle1603@gmail.com

정기구독 신청

낱권 16,500원
일 년 구독료 66,000원

2024년부터 발행 주기가 격월간에서 계간으로 바뀌었습니다.

단체로 신청하시면 구독료를 10% 할인해 드립니다.